第三帝国

15

隐蔽战

（美国）时代生活编辑部 编
石平萍 等／译

修订本

海南出版社
HAINAN PUBLISHING HOUSE

目　录

附　文

致读者

首先应当承认，本书的策划并非出自我本人的想法。

事实上，当一小批时代生活图书公司的编辑和作者开始极力主张推出这样一个系列的时候，我的第一反应是：“有关第三帝国的话题难道还能有什么新意吗？”

可是，当前往柏林、华盛顿和莫斯科的采访人员逐步发回他们的稿件——私人珍藏的回忆录和相册堆满了我的办公桌——目击者的记录和官方秘藏的文件被一一发掘出来之后，我觉得我的疑问已经找到了最好的答案。

我们正在接近一项重大的成果：对纳粹统治下的德国的一个全新的认识——从第三帝国的内部来解剖它。

本系列共有21集。每一集都向您展示了第一手的私人记录，从未发表过的照片，亲历者的回忆录和新解密的官方档案。它们恰如一幅徐徐展开的巨型画卷，将读者带回那腥风血雨的黑暗时代，让人仿佛置身于喧嚣狂热的柏林，遍地瓦砾的华沙，燃烧的斯大林格勒，沙尘滚滚的北非，令人不寒而栗的集中营，还有党卫队的秘密会议，希特勒的办公室，他的书房、卧室，甚至把握到他的思想动态。每一本书都有一个中心主题，整个系列连起来则构成了迄今为止最完整、最细致的“第三帝国史”。

这就是我们所做的工作，让真实的历史说话。

时代生活编辑部主编：乔·沃尔

隐蔽军团的统治者们

希特勒第三帝国孕育了许多从事间谍和反间谍活动的乱七八糟的组织。常同纳粹官僚机构的情形一样，这些秘密组织很少同另外一个组织合作并且经常从事目的截然相反的工作。这些秘密组织的领导人性格复杂、野心勃勃，在德国秘密世界争夺最高权力的马基雅维利式的斗争中，他们钩心斗角，毫不犹豫地栽赃对手。

间谍头目之一，威廉·卡纳里斯海军上将，身着皱巴巴的制服、行为古怪、口齿不清，看上去不可能是德国国防军军事情报部门谍报局的头目。卡纳里斯是一个老吃药丸的忧郁病患者，一年到头穿着冬天的厚衣服，他不可理喻地厌恶高个子和长着小耳朵的人。卡纳里斯与他的妻儿关系疏远，而且对下属非常蛮横，但他却不断地为宠物的健康担忧。“我的达克斯猎犬非常聪明而且永远不会背叛我，”他曾经对一个手下官员说，“可是我不能这样说任何一个人。”

尽管具有这些怪癖，但是禀赋聪明的卡纳里斯确实是一个能力出类拔萃的谍报局局长。在他的领导下，这个情报网的成员增长了十倍。同相互竞争的组织相比，比如莱因哈德·海德里希的党卫队保安处，卡纳里斯拥有无与伦比的权限以及自主权。卡纳里斯特别喜欢穿着便服出行，以便亲自同这个领域的特工打交道，因此赢得权倾一时的海因里希·希姆莱的极度尊重，希姆莱认为他是一个“天生的间谍”。

但是，随着战争的发展，卡纳里斯对纳粹掌权者的幻想逐渐破灭，并最终对自己的位置无法忍受。以前受他提携的海德里希被证明是一个口是心非的危险对手，他无情地企图削弱将军的权力，以便将谍报局划归到党卫队的罪恶帝国里。

1936年，卡纳里斯（右）在柏林与海因里希·希姆莱（前）和宣传部长约瑟夫·戈培尔见面。

不喜欢佩戴勋章的卡纳里斯海军上将，穿着他的海军双排扣常礼服，在正式场合摆好姿势拍照（右）。

与海军制服相比，卡纳里斯更喜欢穿便衣。他正在柏林的格吕恩瓦尔德牵着他最喜欢的阿拉伯母马莫特散步。

莱因哈德·海德里希在波罗的海一处海滨度假胜地同他的一个儿子嬉戏（左）。海德里希是一名技艺高超的运动员，他正身着击剑服摆弄姿势（右）；作为党卫队体能训练的督察官，海德里希在一次军事滑雪比赛中同一名参赛者合影（下图）并以同样的身份出现在另一个体育比赛现场（底图）。

冷酷而工于心计的间谍头目

作为党卫队情报和安全部门的头目，莱因哈德·海德里希非常残忍，以至于他自己的部下称他为“金发野兽”。卡纳里斯海军上将认为莱因哈德是一个“残忍的狂人”，而他最亲密的伙伴瓦尔特·谢莱恩伯格形容他为一个“食肉动物，能够把不公正的行为做到极端残忍的地步”。

事实上莱因哈德是一个很矛盾的人。他热爱音乐而且小提琴拉得非常娴熟。他性格内向，社交方面比较笨拙，身材瘦长，声音尖细，但这些并不影响他成为一个老练的剑术家、神枪手和跑步横穿全国的人。

莱因哈德是一个声名狼藉的花花公子，他喜欢成天泡在酒吧喝酒，还创办了党卫队保安处的官方妓院“基蒂沙龙”，对外却树立了一个充满爱心的丈夫和父亲的形象。尽管谣传他有犹太人血统，希姆莱仍然称赞他是雅利安优等民族的标准典范。

尽管瓦尔特·谢莱恩伯格身着党卫队制服显得身材挺拔、气宇轩昂(右)，但他同卡纳里斯一样喜欢着便服旅行。谢莱恩伯格(左，戴黑帽者)在里斯本从一架商用飞机走下来时被人偷拍。1939年，这位野心勃勃的党卫队官员和他做裁缝的第一任妻子离婚，娶了一个社会地位更显赫的女子(下)。

耳听八方的男人

在31岁的时候，党卫队少校瓦尔特·谢莱恩伯格掌管了海德里希迅速发展的间谍和安全帝国的国外情报部门。这名勤奋工作的军官长着一副未成年人的可爱模样，举止谦逊从容；一个同时代的人认为他是一个“聪明且富有魅力的男人”。

但是谢莱恩伯格和蔼可亲的外表掩盖着冷酷残忍和野心勃勃的内心。生性多疑和狡诈的他习惯于暗中监视手下的特工，其中一个特工说“他耳听八方”。是谢莱恩伯格于1943年向党卫队头目希姆莱提供证据表明卡纳里斯海军上将已经背叛了第三帝国。后来谢莱恩伯格又逮捕了卷入刺杀希特勒图谋的卡纳里斯，并且接管了海军上将以前控制的领域。

莱因哈德·格伦，东线外军部杰出的情报部门头目，和一群同事合影（右），坐在措森东线外军部总部的办公桌旁。（左）1944 年，他参观了亲德的俄罗斯解放军的训练营（下）。冷峻阴森、做事机密的格伦喜欢隐姓埋名，很少拍照。

深藏幕后的陆军间谍头目

尽管被普遍地认为是所有德国军事情报特工中最有效率的人，莱因哈德·格伦中校却总是藏在幕后，一名记者曾经称他是一个“不露面的人”。他生于一个普鲁士中产阶级家庭，在成为陆军总司令部参谋总长弗朗茨·哈尔德将军的高级助手前，他在战前德国国防军中指挥一个炮兵连。

1942 年 4 月，格伦被委派负责东线外军部（FHO），这是陆军总司令部专门搜集东欧军事情报的部门。格伦是一个要求苛刻的负责人，他成立了一支由精力充沛的年轻人组成的情报队伍，他们通过仔细分析所有有用的数据，编辑成一份非常精确的苏军图纸，详细彻底地评估了敌人的力量和作战效率。

1. 献身秘密工作

1935年1月2日8时整，一个身穿海军舰长军官服、个子矮小的人走进了铁比茨河沿岸72–76号的大门，这是一座沙石建成的雄伟建筑物，位于柏林市中心的动物园区。自威廉二世大帝统治时期起，这座建筑物便是战争部庞大的工作机关的一部分，它的内部与街另一侧被政府征用的一排漂亮公馆相连接，还通过后走廊与前门厅与位于本德勒街角上庞大的武装部队司令部相连接。

这人的身高超不过5英尺4英寸，长着一头银发，浓密的眉毛，走起路来慢吞吞的，看上去比他的实际年龄48岁要老。他的大鼻子和耷拉着的下巴给人以一只凶猛的猎犬哭丧着脸的感觉。进入屋子后，他登上一层层楼梯，穿越一个个灰暗的走廊，来到了狐狸窝。这里以前曾用作卧室、饭厅、起居室和厨房，现在是战争部情报与反情报中心德国谍报局司令部的所在地。传奇式的人物威廉·弗朗兹·卡纳里斯作为阿道夫·希特勒的特务总头子即将在这里开始他第一天的工作。

1938年10月18日，前美国陆军航空队列兵艾里奇·格拉瑟（左）和飞机制造厂工人奥托·沃斯——他们都是出生在德国的美国人和德国谍报局间谍——走出纽约的联邦法庭，这是审判的第4天，他们被指控密谋偷窃美国军事机密。格拉瑟被判入狱2年；沃斯被判入狱6年。

德国从事收集军事情报的历史可以追溯到18世纪弗雷德里克大帝执政以前，然而卡纳里斯即刻就要掌管的机构却只有15年的历史。它起始于1918年秋季那些动荡的日子，那时临时的德国国防军，魏玛共和国的防御部队以及自由军团，即那些继德国一战失败后应运而生的准军事志愿队，他们通过清除内部的共产党间谍和左翼革命分子，达到平息动乱的目的。陆军少校弗里德里希·格姆普担任第一任局长，他于1920年将当时称为国防外事办公室的弱小的间谍组织搬进铁比茨河沿岸的总部。不久它与陆军的数据处合并，该处服务于军队部，该部取代被取缔的德国总参谋部。

随着共产主义威胁的消失，魏玛共和国逐渐站稳脚跟，德国谍报局把注意力集中到国外的对手上。格姆普在东部边境上建立起站点，那儿庞大的波兰军队对德国的安全构成威胁。1928年，该机构的权力急剧上升。德国国防军武装部队分部头目库尔特·冯·施莱谢尔把海军情报处划在自己的管辖范围，使它成为一个独立的局，对他个人负责。4年后，尽管遭到陆军军官的反对——因为他们认为军队的情报工作纯属他们的业务范围——施莱谢尔安插了一位海军军官康拉德·帕特齐格上校负责该局。

这项任命证明是极为明智的举动。帕特齐格是位极其出色的组织者，他发展德国谍报局在国外的特务网络，在国内，他大张旗鼓地开展反间谍运动，旨在掩盖秘密的扩军计划。但使他手下干将十分挠头的是，他们没有权力，不能随意逮捕人。1933年，阿道夫·希特勒上台后，帕特齐格和他手下的特务欢迎赫尔曼·戈林的秘密国家

波兰情报局特工朱里·冯·索斯诺斯基（右），在柏林的一家豪华餐厅同贝妮塔·冯·法尔金哈娅一起进餐。她是一个德国寡妇，是他的情妇之一，也是间谍网的一个成员。被德国谍报局抓住后，索斯诺斯基被用来交换四名关押在波兰的德国特务；法尔金哈娅被判处死刑。

警察部，即盖世太保的崛起。德国谍报局要实施调查，缺乏强有力的手段，戈林的这个纳粹组织正好填补了这个空缺。

两个组织开始联手行动，不久，他们获得重大的胜利。1934 年 2 月，他们粉碎了由一名叫朱里·冯·索斯诺斯基的前骑兵军官领导的波兰特务组织。此人经费充足，对女人来说又魅力无穷，很快打入了柏林的社交圈。多年来，他通过先是引诱战争部官员的私人秘书，然后拖她们下水的方式，获取了一些严加保管的军事秘密。一位伯爵夫人出于嫉妒，最终向德国谍报局告密，德国谍报局派人渗透到索斯诺斯基的特务网，叫来了盖世太保把特务组织的人员一网打尽。

然而，过不了几个月，希特勒强迫戈林交出对秘密警察的领导权，移交给海因里希·希姆莱的党卫队，即穿黑色制服的纳粹党徒，两个组织之间的亲密关系从此结束。盖世太保成了党卫队自身情报组织党卫队保安处的一部分，保安处的头头是令人害怕、残酷无情的莱因哈德·海德里希，他是遵循希姆莱的“党卫队保安处旨在揭露反对国家社会主义思想的敌人”的训词创建该组织的。海德里希计划要创立一个全国性、统筹一切的监视系统，他把眼睛盯在德国谍报局上。

帕特齐格硬是不让战争部这个小而精干的局被纳粹分子吞并。他不断回绝海德里希企图获取机密情报的要求，其中包括军火工厂的名单，并伺机进行报复。

1934 年 6 月 30 日的血腥大清洗给帕特齐格带来了机会，这次无情的屠杀由希特勒一手策划，目的是要削弱他亲自培植起来的、由恩斯特·罗姆率领的身穿褐色服装的冲锋队不断壮大的力量。党卫队的执行小分队热情有加，故意逾越命令，杀害了一些陆军军官，包括库尔特·冯·施莱谢尔。帕特齐格把乱杀无辜的罪责加在海德里希的身上，劝说战争部的维尔纳·冯·勃洛姆堡上将逼希姆莱开除海德里希。结果事与愿违，亲纳粹的勃洛姆堡反过来对付帕特齐格，强迫他辞职。当海军司令埃里奇·雷德尔上将问及帕特齐格谁可以接替他时，他提议卡纳里斯。

这时，卡纳里斯的仕途正处于最低点。雷德尔不信任他。雷德尔同意希特勒未来潜艇部队司令卡尔·邓尼茨的意见，认为卡纳里斯太神秘莫测，太政治化。邓尼茨还鄙视地称呼他以前的上司“是个心里装有许多灵魂的人”。就在3个月前，即1934年9月，雷德尔把卡纳里斯发配到波罗的海沿岸一个毫无发展前途的陆地指

一面纳粹战旗飘扬在柏林动物园区铁比茨河岸谍报局总部的上空。这个间谍机关的办公室实际上设在沿街的民房里，这些民房内部同主楼相连。

挥所，希望这位中年军官悄悄在那儿退役。然而，由于军种之间的倾轧，雷德尔支持帕特齐格的选择。不这样做，只能在历史的关键时刻——正当希特勒要试探第一次世界大战中获胜的协约国时——向陆军拱手交出德国谍报局的领导权。

然而，要是海军对卡纳里斯的任命态度不是特别热情的话，那么差不多军界和政界的其他高级人士对他的任职都持欢迎的态度。卡纳里斯以一个出色的间谍而闻名。他又是个右翼的民族主义分子，他的足迹遍布全世界，就是在逆境下，他也能处之泰然。的确，这次任命应看作是他奋斗了 30 年的必然的结局。

卡纳里斯的父亲是鲁尔地区富有的工业家，他的祖先在 17 世纪从意大利的北部移民到德国。1905 年，18 岁的卡纳里斯以一名军校学员的身份加入海军。他在一艘游弋在南大西洋和加勒比海的巡洋舰上度过了多年的时光，显耀德意志帝国的国旗，保护德国的商业利益。他酷爱外语，已经能熟练地说英语，能勉强说法语，还能说一些俄语，卡纳里斯利用这次远航南美洲的机会又熟练地掌握了西班牙语。

第一次世界大战爆发时，卡纳里斯是轻量级巡洋舰德累斯顿号上的一名军官，该巡洋舰属于海军中将马克西米利安·冯·施佩伯爵率领的中队。1914 年 11 月 1 日，施佩率领的舰艇在智利瓦尔帕莱索以外的洋面击沉了两艘英国重型巡洋舰，为此卡纳里斯受到了奖励。不过，同年 12 月，英国皇家海军在福克兰群岛附近洋面围困住施佩，击沉了除德累斯顿号以外的所有舰只，德累斯顿号巡洋舰设法驶入智利的水域，船员在那儿沉没了该舰。卡纳里斯被困在基里基纳岛上，但他设法逃到了智利本土，骑着马跋涉了好几百英里，翻越了安第斯山脉，进入亲德国的阿根廷境内。他装成个名叫利德 · 罗萨斯的英裔智利籍人，在布宜诺斯艾利斯搞到了护照，接着上了属于中立国荷兰的海轮返回德国。

卡纳里斯的这一举动受到了海军情报部门的注意，1935 年 12 月，他被派遣到西班牙从事他有生以来的第一次间谍工作：为德国潜艇安排给养设施。1936 年，他应召回德国到海上服役，在瑞士边境被意大利人抓获，后者准备把他作为德国特务移交给法国，但卡纳里斯设法逃脱。

根据一种说法（可能有些离奇），卡纳里斯把一名牧师引诱进了他的囚牢，把他扼死，换上牧师的黑色长袍，然后走出了监狱。另一种传说是他成功地劝说西班牙船长在西班牙海岸上释放了他，而不是在马赛把他提交给法国人。不管哪一种说法是正确的，1936 年 3 月，卡纳里斯出现在马德里，同年秋天又逃之夭夭。他乘坐一只小船进入地中海，上了一艘潜艇，潜艇急速地把他送回德国，他受到英雄凯旋的欢迎。他的英勇行为赢得了一级铁十字勋章——为他第一个领导职位铺平了道路。1918 年德国投降时，他是一艘潜艇的舰长，至少打沉了 3 艘船。

对一战后德国国内出现的革命骚乱，卡纳里斯感到十分恐惧，他全身心地投入到一系列右翼运动中去。他加入了自由军团，并且是判处杀害斯巴达克同盟暴动分子卡尔·李卜克内西与罗莎·卢森堡凶手无罪的军事法庭人员之一。翌年，他被短时期投入监狱，因为他所支持的沃尔夫冈博士颠覆魏玛共和国政变的失败。1924 年，卡纳里斯作为企图重新武装德国海军的秘密军官集团的一员，去了大阪与日本人共商秘密建立潜艇计划的可能性。第二年，他为了类似的目的去了马德里，与许多人重新建立起友谊，而这些人在 10 年后均成了民族主义领袖弗朗西斯科·佛朗哥手下的掌权人物。

卡纳里斯不是从事间谍活动，就是在海上执行任务。不过，政治和外交活动是他的强项。“他对外国人的心理状态了如指掌，加上出色的语言能力，因而知道如何最好地与外国人（无论是低级还是高级人士）打交道，而且能立即赢得他们的信任，”他的一位上司这样评价他，“如果分配他做此类工作，他是不会有什么困难的；没有哪个区域对他来说是禁区，他可以出入任何地方，接触所需接触的人，然后以惊人的速度展开工作，而且还能以一副天真无邪的面孔出现。”而现在，作为德国谍报局的头目，他正从事着这样的工作。

卡纳里斯和其他许多军人一样，欢迎希特勒的崛起。“身为一个爱国者，”一位朋友回忆说，“他所感受到的只是国家社会主义运动给德国带来的活力。”但是，卡纳里斯在接受德国谍报局领导权的同时，做出了浮士德式的交易。随着纳粹党和德国国家越来越成为一体，他开始意识到他亲爱的祖国落入了魔鬼的手掌中，在以后的9年中，他一方面要与希特勒合作，另一方面则设法推翻他的统治，他在这二者之间走着钢丝。他的这种困难处境使一个旁观者称呼他为“保守德国的哈姆雷特”。

卡纳里斯前任办公室的天花板高高的，有一个小阳台，从阳台上可以看到运河。卡纳里斯搬进去时，带上了一些长期工作积累起来的纪念品，包括一张行军床，一张弗朗西斯科·佛朗哥的照片，上面写着很长的题词，一幅日本的魔鬼画像，一块破旧的波斯地毯，一艘舰艇的模型，还有一件从日本带回来的桌上装饰品——三只青铜猴子，代表这么一个说法：看不见倒霉的事，听不到倒霉的事，不提及倒霉的事。他在一面墙上贴着一幅巨大的世界地图。而在另一面墙上，挂着一幅海军上将康斯坦丁诺斯·卡纳里斯的蚀刻像，他是19世纪希腊争取摆脱土耳其统治进行独立战争时期的民族英雄。尽管他们之间没有亲缘关系，他却认同这样的传说，即这位希腊海军上将是他的远亲。

尽管这位新上司过去战功赫赫，有大腕间谍的名声在外，他手下的工作人员对他的最初印象并不很好。“与办事干练、干劲十足的海军上校帕特齐格相比，”他们其中一人评论说卡纳里斯，“显得太老，很难适应这份工作。”另一人则写道：“卡纳里斯看上去像是个音乐厅的经理，而不像一位德国的高级将领。”

德国谍报局的资深工作人员对于卡纳里斯对纳粹党所表现出的与众不同的热情也深为惊愕。他的前任不屑于去掩饰对希特勒手下那帮人的蔑视，而卡纳里斯则全然不同，他的讲话里充斥着党的口号和自己的忠心。他说，作为一名真正的军人和作为一名国家社会主义党员本来就是一回事，因为两者都视“完成任务，听从命令，同志间友谊，对国家尽自己的义务”为至高无上的职责。

卡纳里斯的当务之急是与党卫队保安处的头子海德里希搞好关系，因为德国谍报局与盖世太保和保安处的关系正在日益恶化。德国谍报局资深的官员声称，盖世太保监听他们的电话内容，保安处鼓励那些身为纳粹党徒的低级官员对不是纳粹党员的同事进行监视。德国谍报局的外勤人员也埋怨盖世太保对他们的工作进行干预。

就在卡纳里斯到任的第一个月中，海德里希毫无顾忌地在国外扩展活动。前斯图加特无线电工作人员鲁道夫·福米斯从捷克斯洛伐克向德国境内广播反纳粹宣传材料。海德里希把抓获他的任务交给名叫阿尔弗雷德·瑙约克斯的纳粹分子，该人是个街头恶棍。他装扮成假期滑雪者，驾车在德累斯顿越过边境，在布拉格郊外一个乡村旅店里找到了福米斯。海德里希要求把福米斯活捉回德国，但是绑架出了纰漏；福米斯在与瑙约克斯和另一名盖世太保特务分子的争斗中被击毙。

卡纳里斯与海德里希早在海军服役时就相识了。大约 12 年以前，海德里希还是个年轻的见习生，在柏林号训练巡洋舰上服役时，就在卡纳里斯的领导下。另外，这两个情报头子都厌恶海军上将雷德尔。海德里希埋怨雷德尔把他赶出海军。他那时正青云直上，但是被迫辞职，只是因为涉及一位年轻女子声誉的事，她的父亲在海军的上层官员中有熟人。海德里希怀恨在心，并想伺机报复，于是志愿参加当时唯一能接纳他的穿制服的组织——希姆莱的党卫队保安处。

海德里希表示欢迎卡纳里斯的任命。盖世太保的法律顾问、党卫队中校沃纳·贝斯特搞出了一份合作方案。双方同意德国谍报局负责所有的军事情报、反情报工作，党卫队保安处的职能是政治性的警察工作。双方保证一致反对国家的其他机构建立任何新情报机构的企图。为了表明新的合作诚意，他们同意定期举行部门领导之间的碰头会议。海德里希把盖世太保的部门头头们召到柏林来，教导他们如何正确对待德国谍报局的同仁，而卡纳里斯作为友好的表示，同意报销海德里希的人员“用于进行侦探、而盖世太保的预算及党卫队保安处无力支付”的费用。

两位对手同住在柏林一个绿木成荫的街区里，离格吕恩瓦尔德不远。不久两人的生活开始交织在一起。星

期日下午，卡纳里斯家的草坪上举行棒球游戏，晚上又在室内举行音乐会。海德里希是位出色的小提琴演奏家，他与卡纳里斯的妻子埃莉卡合奏莫扎特的曲子，这时，烹饪出色的卡纳里斯正准备他的特色菜——用黑面包屑包裹浸渍在红酒中的野猪排。

虽然两人表面上和和气气，但对对方都存有戒心。

1935 年谍报局局长威廉·卡纳里斯（左数第二人），同保安处头目莱因哈德·海德里希（左数第三人）在一个为谍报局和党卫队军官举办的烛光晚餐上坐在一起。尽管两个敌对的情报头子声称他们之间非常友好，但实际上他们互不信任。

海德里希私下把德国谍报局的头子称为“那个意大利人”，还埋怨他不断地“刺探消息”。卡纳里斯雇用一名阿尔及利亚人当管家，据说那人不会说德语，海德里希怀疑此人是德国谍报局暗插的探子，来回递送食品和饮料时偷听别人的谈话内容。而卡纳里斯在他可以信赖的人中间，把海德里希说成是个“残忍的狂热分子”以及“是他们一伙中最为聪明的野蛮人”。

卡纳里斯一当上特务头子，就全力以赴扩展自己的王朝。德国一次戏剧性的转运也帮了他的忙。1935 年 1 月，卡纳里斯上任后的第一个月，由国际联盟主持的一次公民投票使德国重新从法国手中收复了盛产煤的萨尔州。希特勒从中得到鼓舞，公布了迄今为止秘密的扩军备战计划。同年 3 月，他宣布了德国空军的成立和实行征兵制——这些做法全是违背《凡尔赛条约》的。成千上万的年轻人踊跃报名参加国防军，国防军是第三帝国武装部队的新的称呼。迅速地扩军备战促使情报机构有了新的扩展。

“随着全民兵役制的诞生，”卡纳里斯对他的下属说，“我们必须考虑到敌情报机构会加大对我国防军和军火工业的破坏活动。”他迅速扩大了从帕特齐格那儿继承来的仅有 150 名雇员的小局，把它扩展成不仅可渗透德国的欧洲邻国，也可以渗透到南北美洲和中东地区的一个庞大的情报网络。卡纳里斯大量吸收前德国军官，还吸入了一些大学的教授和律师，仅 2 年的时间，他下属的人员就猛增到1000名。(战时的人员高达15000名。)由于德国谍报局职能的扩大，卡纳里斯晋升为海军上将。

在希特勒采取一系列行动摆脱《凡尔赛条约》对他的禁锢时，他充分利用了卡纳里斯的作用。1935年的冬季，元首准备收复莱茵兰——希特勒清楚这是个冒险的举动，可能会导致全面战争。为了衡量利弊，他让这位矮小的海军上将帮助正确估价外国的反应，多次派他去国外执行秘密使命。在1936年3月成功地收复莱茵兰之前的4个月内，卡纳里斯与希特勒会面达17次之多。

在这期间，卡纳里斯海军上将让他的下属经办德国谍报局的日常事务。事实上，他经营这个机构的原则是把权力下放。尽管任务由总部下达，但对于各个间谍人员总部很少加以直接控制。德国谍报局的核心仍是格姆普在20世纪20年代建立的三个处。一处即秘密情报处，收集潜在敌对国经济、军事实力方面的情报；二处的职能范围包括破坏、颠覆、进行心理战和策划突击队的活动；三处从事反间谍、反情报的工作，其中包括渗入国外的情报机构。还有一个外事处，专门受理帝国驻外武官发回来的报告，并对与外国的军事关系做出估价。Z处，即中央处，主管德国谍报局的行政与财政工作。

每个处根据不同的专业划分成科。比如，一处分成11个科，分别搞空军技术情报、工业情报，与国外的间谍网进行联络等等。此外，一处还有多个实验室，生产隐形墨水、假证件和微型照相器材。

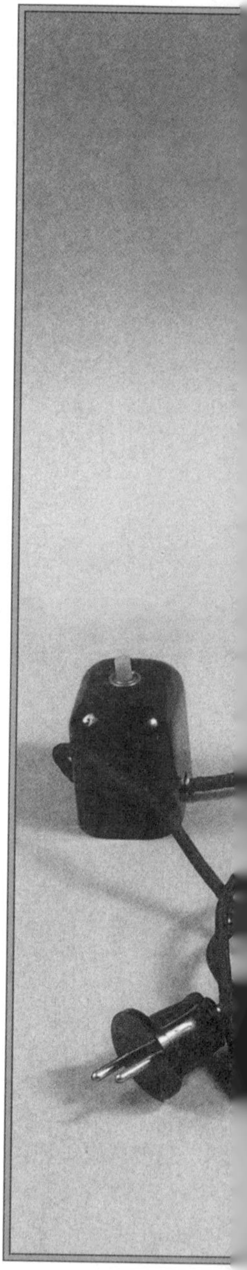

为间谍活动量身定做的相机

当1937年拉脱维亚里加的一个电子设备制造商向世界介绍里加米诺克斯相机时，它立即成为德国间谍选择的相机。只有3英寸多长和仅重4.5盎司，这种微型不锈钢奇特相机容易隐藏和操纵简便。它的镜头可以在近达八英寸处聚焦，对拍摄文件来说是非常理想的。它配备了一个冲洗池和小型放大器，特务们经常在相对安全的环境下冲洗他们的胶卷。但是，在敌对国家的间谍们发现这些附件太笨重和太累赘，所以他们经常把未冲洗的胶卷偷送回德国进行冲洗。

3.8英寸高的放大器可以印制2.5×3.5英寸的照片。左边是它的电源线和带有开关的转换器。底片和冲洗出来的照片通过可折叠的放大镜察看。

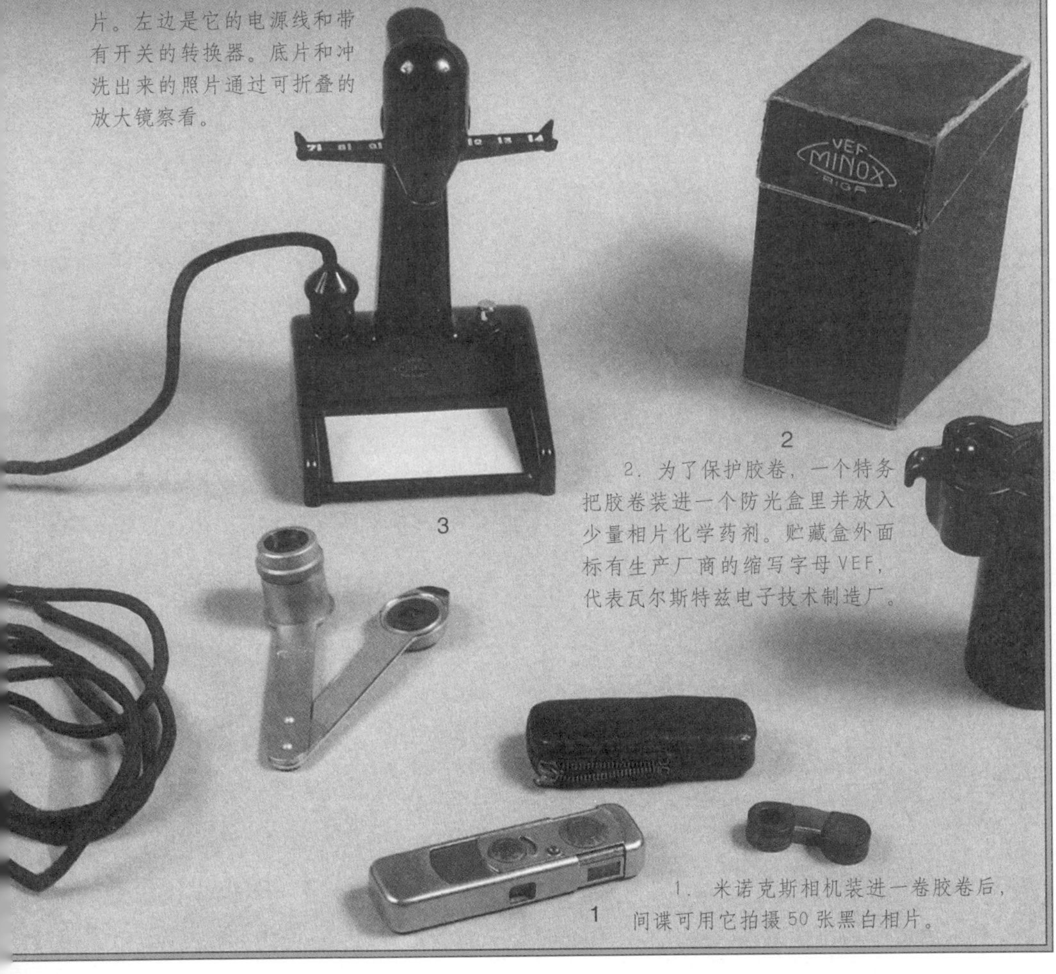

2. 为了保护胶卷，一个特务把胶卷装进一个防光盒里并放入少量相片化学药剂。贮藏盒外面标有生产厂商的缩写字母VEF，代表瓦尔斯特兹电子技术制造厂。

1. 米诺克斯相机装进一卷胶卷后，间谍可用它拍摄50张黑白相片。

附属于处一级的是驻外站，简称为Asts，每个驻外站负责各自规定的地区。驻外站负责人的工作具有一定的独立性。尽管他们从铁比茨河沿岸总部的处长那里领受命令，要是他们觉得命令不合适，可以直接向卡纳里斯申诉。此外，每位驻外站站长可以招兵买马并训练自己的人员，这些人员称为V－人（是德文机密人员的缩写。）

卡纳里斯指示每个驻外站建立各自的特别小组——类似间谍圈内的间谍圈。知情人士把这些小组称为家庭乐队，这个名词是用来指18世纪德国亲王的宫廷乐队。每个“家庭乐队”由一位资深的间谍（称为指挥）来领导。

家庭乐队的主要任务是揭发德国谍报局内部的叛徒、渗入敌人的情报组织、留意发现可能为德国服务的外国人，这里有两种途径，一是接纳他们为特务，另一种是向他们灌输不正确的消息。一个家庭乐队拥有几百名告密者，其中许多人是餐馆招待员、跑堂、女佣、搬行李的侍者与大酒店和夜总会的酒吧女招待。卡纳里斯找到一个德国谍报局的老手总管这一摊子工作，他是海军少校理查德·普罗特兹，三处反间谍科（IIIF）科长。朋友们称呼他理查德叔叔，他是1934年粉碎索斯诺斯基特务组织的主谋。

党卫队的保安处也在不断壮大。1936年6月，希姆莱当上全德国警察的头子，随同他一起高升的还有海德里希，他新增添了刑事警察总长的职务。海德里希的晋升标示着与卡纳里斯亲密关系的结束。海德里希气愤地谴责家庭乐队越权搞警察的职责，而卡纳里斯以牙还牙，责怪盖世太保还没等反间谍科的案子发展成熟就插上一手。

卡纳里斯再一次企图通过协商解决问题。他与盖世太保的法律顾问贝斯特上校又一次走到一起，起草了一份文件，文件的名称为《确保盖世太保与国防军德国谍报局各办公室之间合作准则》。这份协议书于 1936 年 12 月 21 日正式签字，立即被称作十戒条约。条约重申了德国谍报局主管领域为反间谍调查，盖世太保的主管领域为警察工作。然而许多的细节仍是模棱两可。海德里希大为恼火，因为卡纳里斯断然拒绝解散家庭乐队。而卡纳里斯对盖世太保有权“调查犯罪行为和采取相应的行动”这一条（在十戒中得到重申）也是耿耿于怀。

卡纳里斯希望与海德里希建立更为紧密的关系，邀请后者与他一起清晨骑马。每天工作前，都能见到魁梧的党卫队保安处处长和矮小的德国谍报局特务头目在动物园区肩并肩一面骑着马小跑，一面亲切地交谈着，贝斯特也经常加入。但是他们之间的摩擦并没有消除。

1937 年 6 月，卡纳里斯与海德里希间的裂痕加深了，因为当时苏联新闻机构塔斯社向全世界宣布红军最年轻的元帅米哈伊尔 · 图哈切夫斯基连同其他 7 位高级将领一起被处决。卡纳里斯感到十分震惊，向自己的俄国问题专家打听究竟。他们回答不上来，但是一位德国谍报

1937年5月1日，约瑟夫·斯大林（最高一层，最左边）同政治局委员们站在一起，检阅红场游行，没过多久苏联就发动了一场对军事精英的彻底清洗。在这些被杀害的人中间有图哈切夫斯基元帅(底层，最左边)，莱因哈德·海德里希暗示他牵涉进一个虚假的反斯大林阴谋中。

局的官员在战争部听到了传说：这批苏军高级将领被处决是海德里希搞阴谋的结果。

据说，尼古拉·斯古勃林是一名前沙俄的白军将领，他住在巴黎为党卫队保安处工作。是他告知联络人，由图哈切夫斯基牵头的俄国反对派组织正在策划对克里姆林宫的政变。这一消息使海德里希突发奇想：为什么不利用这次政变为希特勒服务？只需伪造文件，让这帮俄国将领看上去正在与德国人合谋杀害斯大林。只要这些表明有罪的文件落入苏联人之手，那么纳粹分子就可以坐山观虎斗，当斯大林向叛徒们进行报复时，红军领导层内部就会发生火并。

海德里希召来了一名多面手艾尔弗雷德·瑙约克斯，后者聚集了一帮伪造能手。20 世纪 20、30 年代，德国和苏联军队有过一段较为密切的联系，这些伪造者利用这一时期的来往书信着手工作。瑙约克斯在柏林附近的泽伦多夫找到了一位雕刻师，他能丝毫不差地重新雕刻出俄国的印章。不久，党卫队保安处搞出了一份厚厚的档案材料，包括打印的报告（报告的边缘还有手写的批语）、电话记录和信件，上面印着公章，标有绝密的记号以及表示文件是真实的其他官方印记。接着，为了让苏联的秘密机构内务人民委员会不觉得突然，党卫队保安处的特务把有关政变的消息透露给他们认准一定会转告给俄国人的人士。最终，与苏联保持着友好关系的捷克斯洛伐克总统成了这场骗局的牺牲品。他被说服同意转告苏联人有关档案的事，并告知苏联人只要肯出钱就能把档案搞到手。这位捷克人一点也没有怀疑其中有诈，圆满地完成了任务。1937 年 5 月，海德里希满意地看到了苏联内务委员会的特务分子来到柏林，达成了交易。

这次交易的结果是发生在红军历史上最为血腥的清洗。杀害图哈切夫斯基和其他 7 名高级将领不过是事情的开端。接着，主持这次审讯的 9 名法官中的 7 名也遭处决。大清洗结束时，斯大林杀害的人数超过 3 万。遭处决的有红军 5 位元帅中的 3 位、11 位国防委员会副人民委员和最高国防委员会全部 80 名委员中的 75 名。

卡纳里斯视斯大林为纳粹世界的最大威胁，因此质问对手。“你到底为什么要玩这样的游戏？”他问道。“这是元首自己的点子，”海德里希冷漠地回答，“俄国武装部队统帅部的人员必须削减，从而达到削弱俄军整体力量的目的。这整件事是元首玩的伎俩——符合他以后几年的整体计划。”

党卫队保安处如此毫无顾忌地侵犯德国谍报局负责的外国情报的领域，而且又是如此不择手段，着实让卡纳里斯很是震惊。他第一次开始怀疑希特勒领导德国的能力。他最终都不知道，笑到最后的却是苏联人。苏联人在审讯图哈切夫斯基时根本没有用党卫队保安处提供的文件。事实上，二战结束后，有证据表明斯大林在海德里希出笼他的计划前几个月就打算清洗军队将领，而且在他还没收到伪造的文件时就对图哈切夫斯基采取了行动。斯古勃林实际上是为苏联内务人民委员会服务的双重特务，所以结果是海德里希充当了蠢蛋的角色。据党卫队保安处智囊团的一员年轻律师沃尔特·谢勒勃格说，苏联人付的300万卢布全是假钞，并做上专门标记。党卫队保安处驻俄国的特务只要一出示这样的假钞就立即遭逮捕。

不久，党卫队保安处干出的其他蠢事又传到了卡纳里斯的耳中。这实际上是没什么可以大惊小怪的，考虑到该机构大规模地扩展，截至1937年，海德里希柏林总部的工作人员已达几千人，他们属下遍布各地的告密者和特务不少于 5 万人，而其中的大多数是没有经过培训的，雇用他们纯粹是因为他们全身心地信奉纳粹那一套。党卫队保安处的情报科就坚持说图哈切夫斯基是“西方犹太互济会”的一员，该会的宗旨是在苏联进行抢班夺权。当卡纳里斯埋怨党卫队保安处的胡作非为搅乱德国谍报局的工作时，海德里希根本置之不理。

图哈切夫斯基事件发生后不久，卡纳里斯遇上德国谍报局的前任康拉德 · 帕特齐格，说了海德里希和他的纳粹同僚许多坏话。“我们交谈开始时，”帕特齐格回忆说，“他对我说，从领导到基层，他们所有的人全是罪犯，一心想要搞垮德国。”然而，帕特齐格建议他辞职以示抗议时，卡纳里斯回答说：“如果我辞职，由海德里希来接管，那么一切全都完了。”

1938 年初，卡纳里斯全力以赴想压倒他的头号敌人。他的行动是针对党卫队保安处所搞的阴谋诡计，他们企图搞掉希特勒的两名高级军事将领，这两位将领正在抵制元首向外扩张的计划。遭到排斥的将领之一是战争部长维尔纳 · 冯 · 勃洛姆堡陆军元帅。他最近与为政府工作的一名女秘书结婚，希特勒还亲自参加了婚礼。海德里希的刑事警察调查了新娘的身世背景，发现她以前当过妓女，还搞到了这女人的一大摞黄色照片。希特勒获得这些证据后，逼勃洛姆堡辞职。党卫队保安处迫害的另一个对象是陆军司令瓦尔纳 · 冯 · 弗立契将军。海德里希为了搞倒弗立契，让他手下搞调查的人找来一

保安处特务阿尔弗雷德·瑙约克斯（左）从他的老板党卫队旅队长莱因哈德·海德里希那里接受命令。作为保安处的一个重要成员，海德里希许多声名狼藉的任务都交托给瑙约克斯完成，包括绑架和暗杀。

个名叫奥托·施米特的在押小偷。这个小偷声称他亲眼看见弗立契将军有同性恋的行为。弗立契将军因而也被免职，但他不愿意就这样悄悄地离去，要求召开军事法庭专门受理对他的指控。

这起丑闻使卡纳里斯大为震惊，因为他与两位受害者志同道合，他们都害怕希特勒正在把德国推向一场他们的国家还无法应付的战争。卡纳里斯觉得勃洛姆堡的案子已是既成事实，他就是干预也于事无补，但是他命令手下的人对弗立契的指控展开调查。他们很快弄清了真相——奥托·施米特见到与男妓在一起的人并非陆军司令弗立契，而是一名退役的上尉，他的名字叫弗立奇。

上尉很爽快地承认与男妓有过接触。

得知德国谍报局在插手他们的案子，盖世太保决定逮捕弗立奇上尉，不让他在法庭上做证。然而，卡纳里斯抢先了一步。他让反间谍王牌特工理查德·普罗特兹在弗立奇的公寓附近布置了一名德国谍报局的摄像师，当盖世太保匆匆忙忙把这个关键证人抓走时，摄像师把这一场面照了下来。这张照片不但挽救了弗立奇上尉的生命，也挽回了弗立契将军的声誉。

正如他自己所说的那样，卡纳里斯决心要把“德国军队从契卡的噩梦中”解救出来（他颇具讽刺性地把盖世太保比作苏联的秘密警察契卡），他十分幼稚地着手起草了一份建议书，递交给新上任的陆军司令沃尔特·冯·勃劳希契将军，要求对党卫队的领导进行彻底的整顿，并首先要对最高领导希姆莱开刀。“根据目前的情况，”他写道，“那些对盖世太保负有责任的高级官员对弗立契将军进行诽谤，实际上是对陆军进行恶意的侮辱，因此，国防军再与盖世太保进行有益的合作是不可能的。”然而，卡纳里斯的一切努力都付诸东流。这些将领们并不打算为他们先前的司令弗立契将军进行报复，尤其是希特勒已亲自为弗立契恢复了名誉，并让他统帅一个团。要是他们还心存什么疑虑的话，那么也在与奥地利结成联邦后全国上下一片欢欣鼓舞中消失得无影无踪，德国与奥地利缔结成联邦正好发生在弗立契案子的审理过程中。

1938 年希特勒派兵进驻奥地利时，卡纳里斯决心让他手下的特务抢先赶到维也纳，以防奥地利的军事情报档案落入党卫队保安处手中。这一点德国谍报局的特务做到了，卡纳里斯把获得的情报交给了普罗特兹，让他的家庭乐队采取行动。但是在争权夺利的过程中，德国谍报局正在节节打败仗。纳粹党顺利地窃取了国家领导权后，海德里希的政治地位日益得以巩固。海德里希还有另一个优势：不像卡纳里斯，他可是个善于钻营的官僚。卡纳里斯厌恶组织和书面工作，海德里希则喜爱它们。海德里希喜欢驱使他的手下没日没夜地工作，喜欢吊着高嗓门用断音发布命令。而且他还是个什么卑鄙手段都使得出的人。

据沃尔特·谢伦伯格说，海德里希的强烈愿望是始终要比别人知道得多,要知道关于每一个人的每一件事,不管事情的性质是政治的，职业的，还是个人的私生活方面的，他用掌握的材料来要挟别人，以达到别人对他完全言听计从的目的。

为了达到此目的，海德里希在柏林最豪华的住宅区开办了一个党卫队保安处的妓院。该妓院的名字叫基蒂沙龙，专门迎合国家官员、国外外交家和实业家们的情趣。9 间卧室的每一间都暗藏有麦克风，经电线通到地下室的录音装置。海德里希好女色是出了名的，因此他也经常光顾这座妓院。党卫队保安处头头的好色可能提供了唯一的机会，让他的一个下级给他开了个玩笑。

柏林一个时髦的妓院——基蒂沙龙是由保安处秘密操纵的，用来窃听那些常来光顾的外国外交员和高级政府官员的谈话。每间屋子双层墙壁里隐藏着电线，隐蔽的麦克风电线连接到地下室的录音设备。

每当海德里希去基蒂沙龙“视察”时，他都会命令所有的麦克风关上。不过有一次，做事莽撞的瑙约克斯决定开个玩笑 ：他录下了海德里希的来访。瑙约克斯很快意识到这样做欠妥，就把磁带洗掉了。然而就是在基蒂沙龙海德里希也安插了特务。翌日，他把瑙约克斯叫到办公室。“如果你觉得你能跟我开玩笑，瑙约克斯，那么再好好考虑一下，”海德里希对他说，“滚出去。”瑙约克斯从此再不敢与他开玩笑。

与官迷的海德里希相反，卡纳里斯是个马马虎虎的行政管理员。他把日常事务的处理下放给各处的领导，结果是原本权力高度分散的德国谍报局发展得超出了他的控制范围。卡纳里斯乐意把时间花在他所谓的情报政治上——那就是用德国谍报局收集来的秘密情报暗中去影响第三帝国的政治、军事决策。在这方面他是特别擅长的。比如 1936 年 7 月西班牙内战刚开始时，德国最终同意在军事上支援弗朗西斯科 · 佛朗哥，卡纳里斯是起了重要作用的。德国外交部对这种干预的后果十分恐惧。但是最终希特勒还是满足了西班牙特使所提出的要求，一个德国战斗机分队和身着便衣的德国空军军官们随即上路去了西班牙。1936 年 10 月，卡纳里斯飞往萨拉门戈与佛朗哥会晤时，这位特务头子与西班牙叛乱头领热烈地拥抱在一起。

卡纳里斯也喜爱旅行，特别是去欧洲南部。他出差的时间与待在办公室的时间几乎一样多，有时还给自己安排一些不十分重要的情报采集任务，而这些任务让他手下的人去干应该说更为合适。有一次，他从西班牙开车回德国时遇上了大风雪，被迫停下来寻找避风雪处。当铁比茨河沿岸总部的工作人员手忙脚乱到处寻找他们丢失的头领时，卡纳里斯在成功地劝说一家农户接纳他后，在这个农民家里正谈笑风生。当海德里希听说这事后，他讥讽地说："他们就是这样领导德国谍报局的？"事实上，真给他言中了。

“他的下级惧怕他去视察。”德国谍报局的奥地利特务威廉·霍特尔回忆说，霍特尔后来转而为党卫队保安处工作。“他惯于推翻所有的东西，把一切都搞得一团糟，然后离去。他属下的处长们熟悉他这个怪癖，只等海军上将一离开，就照例派名官员去收拾混乱的局面，使一切恢复原来有条不紊的状态。他们这样做并不冒什么不必要的险，因为卡纳里斯从不烦神去检查他的指示是否得到贯彻。”

卡纳里斯还有别的怪癖，使人难与他共事。他心情忧郁，还特别惧怕细菌，是个有名的疑病患者。当着他面打喷嚏会冒被开除的危险。谈话时他会显得粗暴、不耐烦，打断下级的话，命令他们“简短一些！简短一些”。他讨厌军队颁发勋章之类的东西，也很少佩戴自己获得的勋章。据霍特尔说：“一见到别人佩戴勋章就会激起他的反感，任何官员如果佩戴着骑士十字勋章出现在他的面前，那么就别指望卡纳里斯会采纳他的建议。”

但是，德国谍报局头目最为人共知的怪癖是他对动物的宠爱，尤其是他饲养的两条猎獾狗塞皮尔和萨拜因，他到哪里，两条狗跟到哪里，不是坐在他的梅塞迪斯高级轿车里，就是在办公区里跟在他屁股后面转。卡纳里斯不断跟它们交谈，并且深信不喜欢狗的人是靠不住的。他的这一态度令第二处的处长欧文·拉霍森感到莫名其妙，欧文写道：“在我 30 年的工作生涯中，卡纳里斯是我所遇到最难对付的上司。他不善于看清别人的本质。

任何人只要养条狗，或者当他在观看时在窗台上撒点鸟食，都会引起他的好感。”

卡纳里斯的这一行径也让霍特尔感到惊讶。霍特尔说卡纳里斯似乎意识不到与人们建立感情的必要，他把所有的心思都放到了两条狗身上。“海军上将的两条猎獾犬让他的随从感到特别头痛，”霍特尔写道，“他最关心的就是两条狗的健康状况，不管何时，它们对他来说比人要重要得多；他的心爱的狗要是得了点小毛病，会使他情绪十分低落，而且会严重影响他的工作效率。”

“如果他去外地出差，不管是在德国还是国外，他每天总要打电话回来询问狗的情况，它们吃了什么东西，它们的身体情况都问得很仔细；有一次，海军上将卡纳里斯从丹吉尔斯往柏林打的电话记录放在西班牙秘密警察头子面前时，后者大大地吃了一惊。他本希望能获得些有用的政治情报；结果得到的却是一份有关一条病猎獾犬情况的详细报告！”

尽管德国谍报局的头目有许多的怪癖，这个组织的工作还是不断地取得进展。在大不列颠已经安插了 250 多名特务，包括几名安插在英国高级官员家的佣人。截至 1938 年 8 月，卡纳里斯宣称不仅英国沿岸的设施，而且大多数机场，还包括伦敦与北海港口赫尔之间的油料贮存仓库都画有详细的地形图。

此外，德国谍报局还渗透到英国秘密组织 MI-6（军情六处）在欧洲大陆的活动中去。卡纳里斯得知海

美国的一块纳粹飞地

美国纳粹分子进入麦迪逊花园广场，而广场外（小图）聚集着许多好奇的旁观者。

1936年，谍报局欲在美国建立第五纵队的企图没有进展，反而遭受挫折，当时布法罗市纳粹支持者在一次喧闹的集会上投票赞成成立一个德裔美国人联盟。由于他们的准军事训练营和反犹太人报纸激起了全国民众的强烈反对，希特勒甚至在1938年不承认这个组织，但是这些联盟分子拒不解散。1939年2月20日，在纽约的麦迪逊花园广场，他们上演了一出庆祝华盛顿诞辰和亲美国人的集会，整个集会充斥着正步走的冲锋队员和伸直胳膊的敬礼。

当身材魁梧的联盟头目弗立茨·库恩发表演讲呼吁建立一个“社会公正、白种非犹太人统治的美国”时，洞穴似的体育馆欢声雷动。这一年的晚些时候，库恩被揭发是一个勒索犯和一个空想家，一个陪审团指出他犯有侵吞联盟资产罪。这个组织随后很快解散，从未对美国的安全造成实质性的威胁。

大约 22000 人聚集在体育馆内，馆内悬挂了一幅 30 英尺高的乔治·华盛顿画像以及纳粹和美国的旗帜（右图）。许多旁观者不是联盟分子，但是反纳粹人士也很好奇，他们愿意看看这到底是什么样的运动。尽管花园广场禁止反犹太人言论，但是弗立茨·库恩（下图）在一面旗帜下发表攻击犹太人的演说，旗帜号召“停止犹太人对基督教美国的统治”。库恩的长篇攻击性演说被伊萨多尔·格林巴姆打断，他是一个犹太管道修理工的助手，冲上讲台高喊“打倒希特勒”，并遭到拳打脚踢（右小插图）。

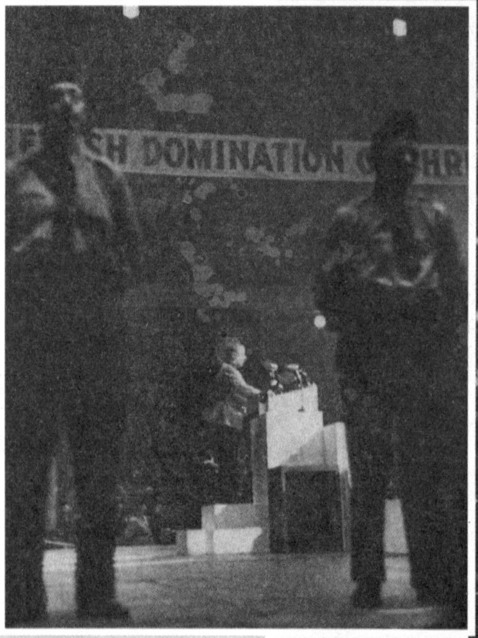

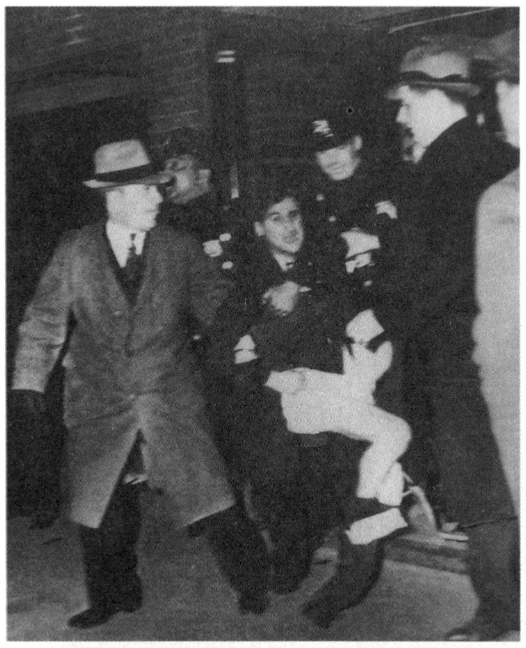

在同纳粹流氓一边倒的打斗中，伊萨多尔·格林巴姆丢掉了裤子，他因扰乱秩序罪而被逮捕（左）。第二天，他的朋友付了25美元罚金后，他被从监狱释放出来。广场花园外面的其他地方，成群的警察控制挥动反法西斯标语的愤怒示威群众（下图）。

牙是 MI–6 活动的中心，他派遣王牌家庭乐队负责人理查德 · 普罗特兹去荷兰破坏英国的地下活动，抓英国间谍。普罗特兹假装从海军退役，携带他的德国谍报局前秘书、现在是他的情人去了荷兰乡间的一个小村庄居住。不久，他就与一个间断地为英国情报机构服务的荷兰人接上了头，他轻而易举通过给比英国人更多的钱策反了他。通过这个双重间谍，普罗特兹很快找到了为英国服务的其他间谍，其中有一人是一个即将要叛逃的德国外交家。1939 年 7 月，普罗特兹顺藤摸瓜，又逮到了英国人称为 Dr. K 的间谍——这是英国的一名超级海军特务，他向海牙的联络人报告情况。Dr. K 的真姓实名是奥托 · 克鲁格，他是个很富有、受人尊敬的德国工程师，在基尔船厂为德国海军做咨询工作。第一次世界大战后，他被英国人收买当上特务，克鲁格有 20 年的时间一直不断地向他的联络人发送德国最新的海军机密——其中不少是他个人的发明创造。克鲁格的逮捕意味着英国间谍网在荷兰的终结。

美国是德国谍报局另一个主要目标。卡纳里斯十分清楚美国的工业技术（希特勒深信美国的工业技术完全是由移民去美国的德国工程师所创建的）会成为将来全球性冲突的决定性因素。卡纳里斯希望能在美国找到同情德国的群体，这些人能为希特勒说话。德裔美国人同盟是个同情纳粹、反犹太人的组织，几千人的会员分散在美国各地，有时在麦迪逊广场公园这类地方举行一些集会。但是这些会员仅占几百万德裔美国人中很少一部分，德国谍报局发现这些德裔美国人很少有人愿意出卖第二祖国。卡纳里斯觉得有必要从德国本土派遣特务去美国，作为在那里发展特务网的核心。

早在 1927 年，德国谍报局就派遣了名叫威廉·朗科斯基的特务首先去了大西洋的彼岸，此人是个航空工程师。朗科斯基用化名威廉·施奈德在新泽西州的霍博肯落了脚，又在长岛的爱尔兰飞机公司谋到了一份工作。不久，另两名德国特务沃纳·古顿伯格和奥托·沃斯也来这个厂工作。后来朗科斯基成了德国飞行杂志《空中旅行》驻美国的记者——这对一个收集技术情报的人来说是个再好不过的掩护。接着他与伊格内兹·西奥多·格里勃合作搞情报，后者是出生于巴伐利亚的内科医生，在曼哈顿上东区德国人聚居的约克维尔区行医。

为了找个人给朗科斯基和格里勃当信使，德国谍报局在远洋海轮不来梅号上吸收了一位侍者当这份差使。不久，美国的军事情报就从纽约港畅通无阻、源源不绝地通向不来梅港。有一次，设法搞到西科尔斯基飞机充气浮筒图纸的要求才提出三周，这些图纸已经递交给了德国。这一特务组织还提供冶金资料，波音、道格拉斯以及沃特等厂的飞机结构图纸，发展驱逐舰的蓝图，以及美国陆军航空队进行空中战术训练结果的报告。

1935 年，在纽约的码头上，朗科斯基正准备把一卷飞机的蓝图和飞行的幻灯片交给德国谍报局信使时，

刚从“不来梅”号邮轮下船，尼古拉斯·里特（左），谍报局汉堡站空军情报处处长，抵达曼哈顿86号码头，他的一项任务是窃取一份美国投弹瞄准器的设计蓝图。这张照片是在里特的间谍身份暴露前，一名联邦调查局雇佣的码头摄像师拍摄的。

被一位海关官员抓获，之后，这一特务组织还继续开展工作。朗科斯基设法逃跑到加拿大，上了航行在圣劳伦斯河上的德国货轮逃脱了。

有一件秘密令德国人特别感兴趣，那是有关一个十分精密的投弹瞄准具，这是由卡尔·T．诺登在他纽约市的工厂里研制成功的，它可以用来自动瞄准和自动投弹。朗科斯基－格里布尔这个特务组织无法搞到有关这个投弹瞄准具的材料。但在1937年9月，德国谍报局汉堡站突然收到了两份有关投弹瞄准具部分的图纸。里面还附了一张纸条，说还有更多的图纸，但是德国谍报局得派人去纽约取。

汉堡站负责航空情报的新头目尼古拉斯·里特少校前不久还居住在美国，因为丢掉了美国一家纺织厂主管的工作，新近才回到德国，他想亲自去一趟美国。卡纳里斯表示反对，理由是一旦里特被抓获，德国谍报局在美的整个组织就会被揭露。但后来卡纳里斯还是同意了，里特乘船去纽约。

里特有两次几乎遇险，一次是在船上，他遇到了一位纽约的老相识，另一次是他携带的一把特制雨伞（雨伞的柄是空心的）引起了海关官员的注意。“真正是特务用的东西。”这个官员笑着说，里特跟他一起笑开了。

里特找到了住在布鲁克林的联络人，后者把他带到了掌握有投弹瞄准具秘密的赫尔曼·兰那里。兰是个机械师，同时也是个制图师，他生在德国，但是现在是美国公民。兰已婚，有个女儿，居住在郊区长岛，每天乘车去曼哈顿南部的诺登厂工作。在厂里，他是个监工，每天他把图纸发给各个工作小组，每晚收回来妥善保管，有时候晚上他把一部分图纸带回家去，把他们描下来，第二天早晨又偷偷地送回去。这次，兰把描下来的图纸交给里特。这些图纸恰好能装进里特雨伞的空心柄中，这把雨伞又由不来梅号轮上的侍者带回德国。

尽管德国的工程师无法从已知的部分图纸中设法把投弹瞄准具的其他部分搞出来，但是他们已掌握足够的资料研制出德国空军自己的瞄准具，他们称之为鹰器。

1938 年初，为了赫尔曼·戈林能亲自向他表示感谢，德国谍报局把兰护送到了德国。

卡纳里斯尽管在收集情报方面取得了巨大的成功，但他越来越怀疑德国的领导层以及德国所选择的道路。1939 年 3 月，卡纳里斯正好待在总理府希特勒的办公室里，这时传来了英国对波兰表示支持的正式声明。元首因气愤而脸色发青，他来回不停地走动，不时用拳头敲打桌子，还诅咒要让他的敌人吃不了兜着走。卡纳里斯还从未见过希特勒如此失去控制过，他回到自己的司令部像是换了个人似的。“我见到了一个疯子，”卡纳里斯对一个助手说，“我仍无法完全理解。他疯了，疯了，你知道吗？疯了！”

然而，就在紧接着的一个月里，卡纳里斯着手让德国谍报局思想上做好准备，为德国对波兰的突然入侵发挥应尽的责任。汉斯·皮肯布罗克斯上校的一处在一支高空间谍飞机中队的协助下，将弄清波兰军队的驻扎地以及其实力和目标。莱豪森的二处开始组织突击队，突击队的人员主要来自柯尼斯堡和布雷斯劳驻外站。突击队的任务是阻止波兰人破坏他们自己的工业中心和交通线，使他们挫败德国人的目的不能遂愿。主要夺取的目标有但泽市南部迪尔斯肖附近维斯图拉河上的一座桥梁以及与捷克斯洛伐克接壤的贝斯基德山脉里穿越雅布隆可夫山口的铁路隧道，东德、波兰南部和巴尔干半岛之间的铁路交通都必须经过这一隧道。这些突击队员身穿老百姓的衣服，将在战争打响以前进到波兰境内，随时准备战斗。然而，卡纳里斯就是在为战争做准备时，还尽一切力量延缓战争的发生。他传发故意夸大英国支持波兰的决心的形势报告，他还让他的外事科印发了一个文件，间接批评希特勒的冒险做法。

7月下旬，卡纳里斯正积极做筹划时，党卫队保安处对外情报科的科长突然来造访，这位科长通知卡纳里斯，希特勒要求德国谍报局协助海德里希完成一项特殊任务。这项任务要求德国谍报局出人364名，另外提供150套波兰军服、武器和工资簿。

这次行动将由党卫队保安处的人员穿着波兰军服，操着波兰话，对德国的一些边境设施进行佯攻，佯攻的目标还包括一个位于上西里西亚格莱维茨市的无线电广播站。海德里希的忠实走狗艾尔弗雷德·瑙约克斯将在无线电广播站指挥这场闹剧。这个计划要求那帮假波兰人与身着德国边防军制服的党卫队保安处的人员进行空弹头交战，然后占领这个广播站，开始反德国的晚间新闻广播。

海德里希在对瑙约克斯的指示中写道：“为了对付外国新闻界和德国进行宣传的需要，必须要出示波兰人进攻的真凭实据。”人员的伤亡是必不可少的。策划者决定把关在集中营中具有斯拉夫民族特征的人带到现场，然后杀害他们。这次伪装进攻的暗语是“祖母死了”。

波兰边境格莱维茨的德国无线电台（上图），是保安处虚假攻击的目标，设计用来诬陷波兰人发动侵略战争。攻击后

BERLINER
MORGENPOST
10 PFENNIG
Polen ließ den Führer 2 Tage warten
Deutschlands großzügiges Friedensangebot
Verbrecher Ueberfall auf den Sender Gleiwitz
Angriffe polnischer Freischärler auf reichsdeutsche Ortschaften

8 月 25 日，希特勒下令德国国防军第二天入侵波兰。德国谍报局从事破坏和战斗小组及党卫队保安处的煽动分子进入备战状态。接着，希特勒取消了这次行动。希特勒得知这次行动将得不到意大利人的支持，而且英国和波兰又签订了长期的军事条约，一时间失去了勇气。然而几天后，最高元帅又振作起来，佯装的波兰进攻按原计划进行。

8 月 31 日，瑙约克斯带领他手下的人冲进了格莱维茨的无线电广播站——匆忙中不知道该按哪个键才能播音。慌慌张张找了一会儿后，他们发现了一个紧急情况下进行大风暴预报用的麦克风。他们对当地的听众进行了播音，包括一篇用波兰话谴责德国的声明。接着，这帮党卫队保安处的暴徒就溜走了，留下一具尸体作为波兰人入侵的证据。第二天上午，纳粹控制的报刊大肆宣扬波兰的挑衅行为。在国会里，希特勒大言不惭地宣称，除了发生在格莱维茨的事件外，还发生了其他 13 起边境入侵事件。

同天下午，在光线暗淡的德国谍报局走廊里，卡纳里斯把一个可信赖的同事拉到一边，悄悄地对他说：“这意味着德国的完结。”但是第二天上午（1939 年 9 月 1 日），卡纳里斯又一次面临忠于谁的危机，他向属下的高级助理做了个动员报告，要求他们对元首无限忠诚。会议结束时，他响亮地喊了声“希特勒万岁！”

的早上，柏林一份报纸的头版刊登的大字标题是，“无耻进攻格莱维茨无线电台，波兰进攻者越过边界，同德国警察展开血腥战斗”。

1938年，纽约逮捕的两个不幸的德国特务到达联邦法庭。大多数派往美国的特务都在哈德逊河码头上岸。

纽约的秘密

行动

30年代和40年代初，大量谍报局特务视纽约为自己的家。在穿越大西洋的空中航线开通前的那段日子里，像其他外国参观者一样，德国特务乘坐越洋邮轮抵达纽约，纽约是美国最大和最繁忙的港口。许多特务看不出有必要到更远的内地旅行以执行他们的情报任务；纽约港口附近地区对一个外国特务来说是一个非常有价值的情报宝藏。纽约的1800个码头，成千上万吨的商品和材料，包括汽车、铜、铁和钢、每年用船运往法国和英国这样的国家。关于货物、船运安排以及航行路线的情报经证明对德国海军情报部门是无价之宝，特别是在北大西洋部署潜水艇后。一名德国特务判断船上货物的性质，经常只需漫步到船停泊的地方，看看堆放在码头准备装运的集装箱上的标记就行了。同当地酒吧里的一名海员友好地闲谈就能知道货船的终点站和开船日期。

到1941年，这个城市里有60万名德裔美国人，希特勒的间谍们活动非常方便和隐蔽。曼哈顿上东区的约克维利的德裔美国人团体不仅提供理想的掩护，而且还向为德国服务的新闻谍人员提供一个刺探情报的基地。谍报局的特务从当管理者、机械师、冶金家以及纽约国防工业内部其他接触核心机密的德裔美国人那里请求帮助。这些工人中的绝大多数是已经归化的美国人，他们害怕这样做会背叛他们归属的国家。但是，其他人，拼命想挣取现金或者害怕报复他们在德国的亲属，表示合作，向他们的纳粹恩人提供每样东西，从安装在海军舰船上的电缆样品到驱逐舰的图纸。

（左上）伊格纳兹·格里勃博士在1934年给宣传部长约瑟夫·戈培尔的信中表示愿意做一名间谍。格里勃的间谍网成为以纽约为基地的最大的间谍网之一。

约克维利：间谍们的天堂

1934年，伊格纳兹·格里勃博士，约克维利一位著名的医生和政治领袖，建立了一个间谍网，间谍网人员最终包括范围远至波士顿、布法罗、巴尔的摩和弗吉尼亚纽波特纽斯军事设施里的特务。

尽管他直言不讳地承认是一个第三帝国的支持者并且无耻地在他的演讲集会上展示一面纳粹旗帜，但是格里勃作为一名外科医生和产科医生的良好声誉使他躲开了政府的检查。1934年后期，格里勃将他的间谍网同另一个间谍威廉·洛科瓦斯基的间谍网合并。1935年他的同伙回到德国后，格里勃执行这项行动，同他的特务在约克维利的德国啤酒馆和饭店会面。

在加入格里勃的间谍网前，前美国陆军中士盖特尔·洛姆瑞奇为纳粹报纸《国家观察家》的出版商工作。

（左下）凯瑟琳·穆格·布丝切（左），一个社交名人和伊格纳兹·格里勃的情妇，1938年同她的律师交谈。1937年她和格里勃参观了柏林，谍报局建议她在华盛顿开办一家妓院，以拉拢政府官员。

东第86街约克维利的夜总会霓虹灯灯火辉煌。鲁迪和马克赛尔夜总会（背景）是间谍们最喜欢出没的场所。

（左上）里特间谍网的一名成员，弗雷德里克·杜奎斯尼，一个土生的南非人，在第一次世界大战期间在英国为德国从事间谍工作。在美国，他伪装成一名演说家、作家和植物学家。

（左下）莉莉·斯特恩是一个艺术家的模特，在曼哈顿东区过着时尚的生活并同华盛顿和纽约的政治精英过往甚密。她的有影响力和多嘴的男友们，包括一名高级外交机构官员，是情报来源，这些情报经证明对里特和杜奎斯尼来说是无价之宝。

由于深得德国间谍喜爱，纽约塔夫特旅馆以谍报局旅馆而出名。1937 年组建间谍网时，尼古拉斯·里特把塔夫特旅馆作为他的总部。

被偷窃的蓝图

1937 年 10 月，谍报局的尼古拉斯·里特少校到达纽约准备建立一个间谍网专门窃取航空机密。他很快安排同诺登公司工厂管理员赫尔曼·兰见面，诺登公司制造了一种新式高度机密的军用飞机投弹瞄准器。在布鲁克林的一个房间里，兰交出他从公司偷窃出来的设计蓝图。蓝图被送回德国，这些图纸帮助德国空军完善自己的投弹瞄准器。对兰偷窃行动的奖赏是谍报局资助他去柏林旅游。

德国出生的赫尔曼·兰（顶图）从一家曼哈顿军工厂偷窃出诺登公司的投弹瞄准器。他告诉尼古拉斯·里特他这样做并不想得到金钱，只是希望帮助德国。

通往德国的秘密渠道

偷窃出文件和数据后，谍报局间谍们面对的问题就是如何把偷窃来的东西偷运到德国。在30年代，“北德国劳合”航线与汉堡－美国航线上的船员们担负起为间谍偷运的任务。1939年战争爆发并且德国船只在美国水域不再受欢迎时，特务们把目光转向“泛美航空公司”纽约与里斯本之间的快递航班。一个更加有效传送到谍报局的方式则是短波无线电。

一架泛美航空公司的快速飞机，“飞船”号，从拉古纳机场附近的鲍尔瑞湾起飞。雷恩·梅泽尼恩（插图），快速飞机上一名机组人员，为里特－杜奎斯尼间谍网秘密偷送情报。

约汉娜·霍夫曼，德国邮轮“欧洲”号上的一个美容师，为盖特尔·洛姆瑞奇向德国传送和从德国带出包裹和信件。“北德国劳合”航线最大的轮船“不来梅”号（顶图）上的船员们也为间谍网传递情报。

约瑟夫·克莱恩，一个商业摄像师和业余无线电发报员，在他纽约的寓所里同他的德国牧羊犬在一起，1940年他为谍报局建立了一个短波发报机。

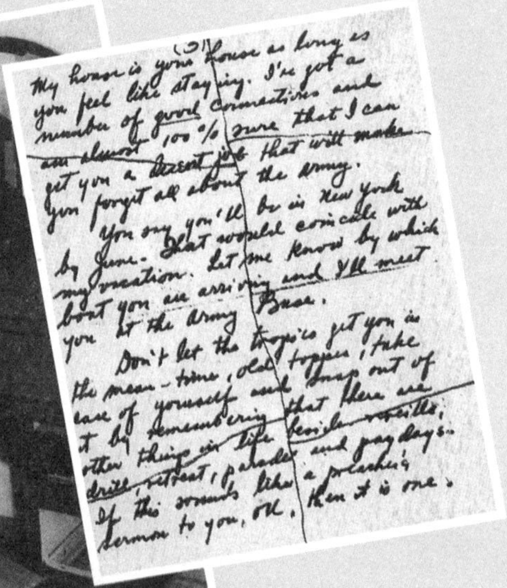
(3)
My house is your house as long as
you feel like staying. I've got a
number of good connections and
am almost 100% sure that I can
get you a decent job that will make
you forget all about the army.
You say you'll be in New York
by June. That would coincide with
my vacation. Let me know by which
boat you are arriving and I'll meet
you at the Army Base.
Don't let the tropics get you in
the mean-time, old trooper; take
care of yourself and snap out of
it by remembering that there are
other things in life besides reveille,
drill, retreat, parades and pay days.
If this sounds like a preacher's
sermon to you, OK, then it is one.

盖特尔·洛姆瑞奇被捕后，一名联邦调查局人员搜查他的房间（左），发现一封洛姆瑞奇邀请一名陆军同伴艾里奇·格拉瑟加入间谍组织的信件。格拉瑟也被抓了起来。

间谍网的崩溃

1938 年逮捕盖特尔·洛姆瑞奇导致了格里勃－洛科瓦斯基间谍网的崩溃。调查人员在一名德裔美国人机械师的帮助下破获了更大的里特－杜奎斯尼间谍网。这名机械师叫威廉·西博尔德，1939 年他揭发德国谍报局特务曾经要他成为一名情报传送员。联邦调查局为西博尔德搞了一个虚假的商业公司，并通过一个可透视镜子记录了大量间谍传送情报给西博尔德的证据。两年后，联邦调查局已经掌握 20000 英尺的胶片和一个无懈可击的卷宗用来指控里特的间谍们。

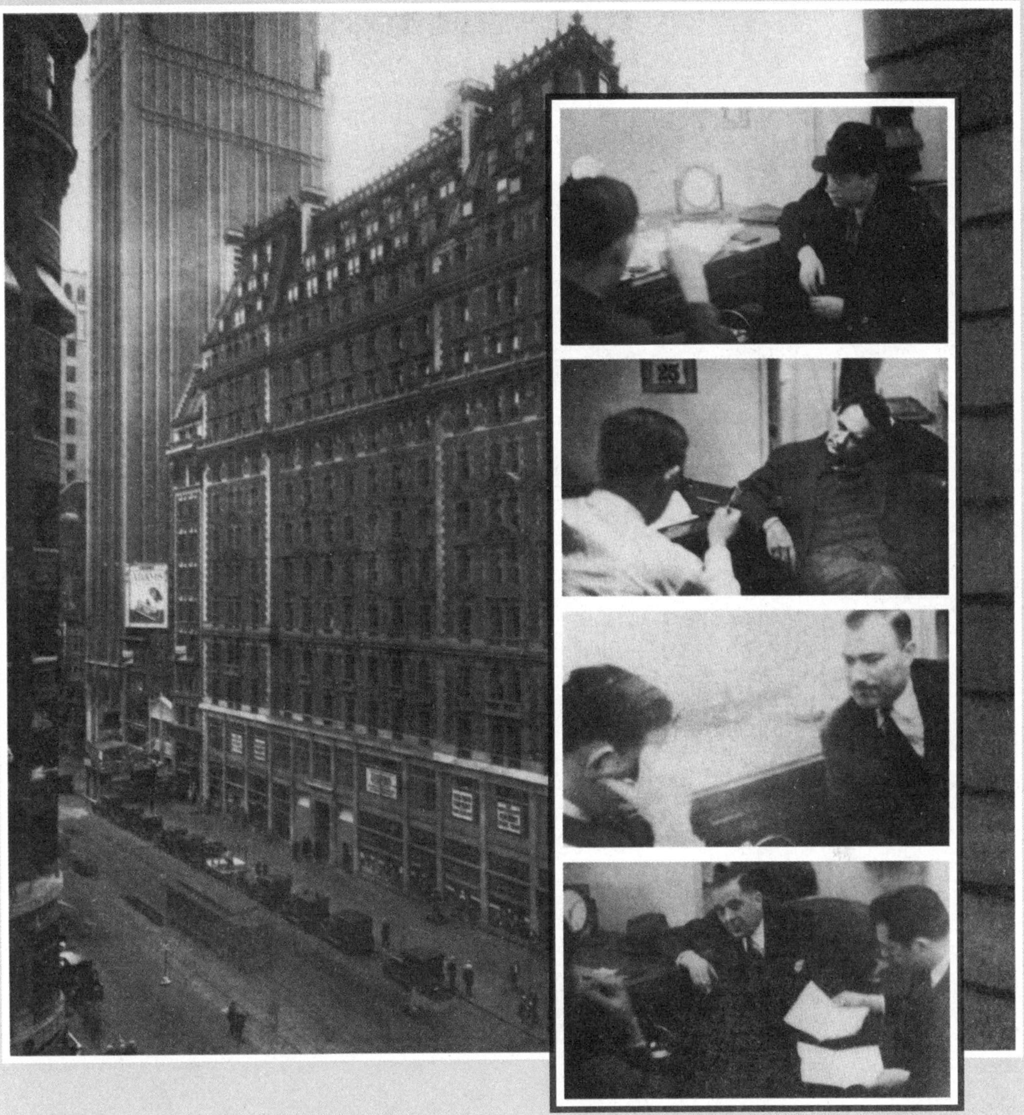

一名警察官员在检查联邦调查局从艾弗特·罗德尔家中搜查出来的小型军火库的部分枪支。罗德尔是长岛斯派里回转仪公司的一名机械师并为弗雷德里克·杜奎斯尼工作。

双重间谍威廉·西博尔德在“纽约州人”大厦（上图）使用一间办公室作为间谍陷阱。通过一个可透视镜子拍摄的照片（右）显示好几个间谍，他们当中有赫尔曼·兰（顶图）和弗雷德里克·杜奎斯尼（从上数第二幅），交给西博尔德（背对相机者）为德国搜集的情报。

1941 年戴着手铐的法立克斯·雅克（顶图），里特－杜奎斯尼的无线电员，被押进布鲁克林联邦法庭。艾弗特·罗德尔（上图）因为杜奎斯尼工作被判 16 年监禁。约汉娜·霍夫曼（右），被盖特尔·洛姆瑞奇供出，因同伊格纳兹·格里勃联络被判服刑 4 年。联邦政府传召格里勃的妻子，玛莉娅，作为一名证人。

1941年6月30日，浑身发抖的莉莉·斯特恩被联邦警察和起诉人包围，布鲁克林联邦法庭传讯了她。斯特恩因与里特一起从事间谍活动而被判入狱10年。

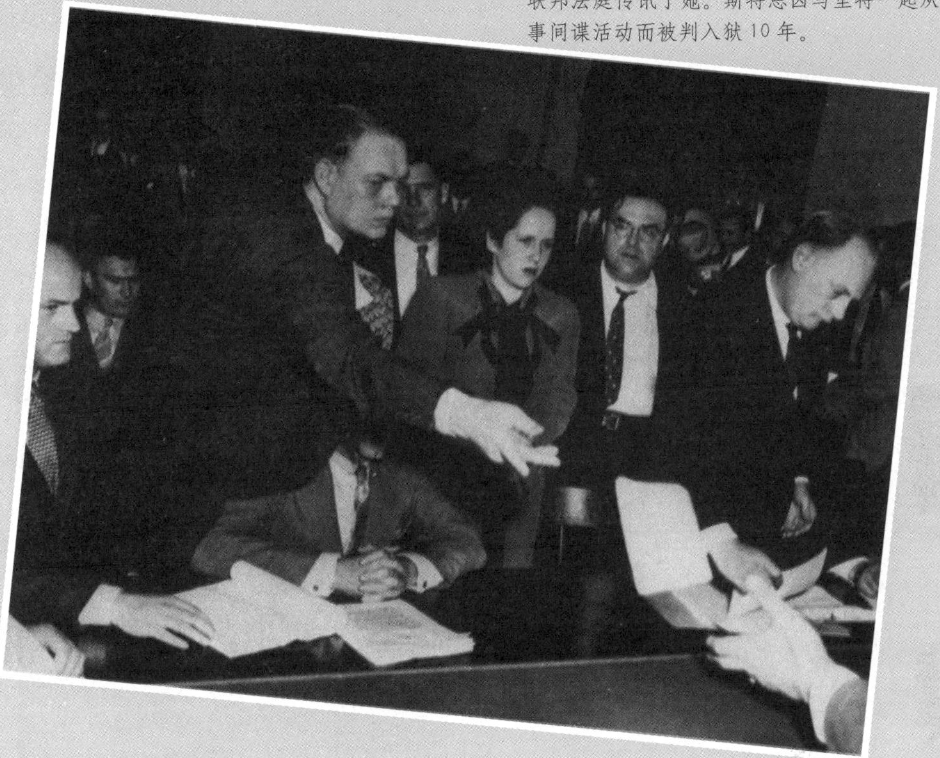

法庭里的清算

联邦调查局认真积累的证据摧毁了纳粹德国两个最大的间谍网。1938年10月14日，曼哈顿联邦法庭开始审判格里勃-洛科瓦斯基间谍网的18名特务。但是，最终只有4名间谍受到审判。其他14个人，包括这个团伙的2名主犯，都已成功地逃离美国，只得对他们缺席审判。所有人都被指控阴谋偷窃美国军事机密；出席审判的4个人被判处平均4年的监禁。由于盖特尔·洛姆瑞奇同政府合作，他只被判处了2年监禁。尽管事实上绝大多数间谍逃脱了惩罚，但是美国法官拉玛·哈丁认为对结果感到满意，宣称这是“对任何正在或企图在美国从事这种活动的国家的一个警告。”

1941年7月，联邦调查局布下的一个罗网破获了33名成员的里特-杜奎斯尼间谍网。14人立即对各种指控供认有罪；19个人于9月在布鲁克林接受审判。几个星期调查取证后，陪审团认为所有被告有罪。杜奎斯尼和赫尔曼·兰各判18年监禁；但是里特已于1937年返回德国，再也没有受到惩罚。

尽管这些审判标志着大型间谍网的灭亡，但是美国的德国特务在战争期间继续单独或小团体地活动。

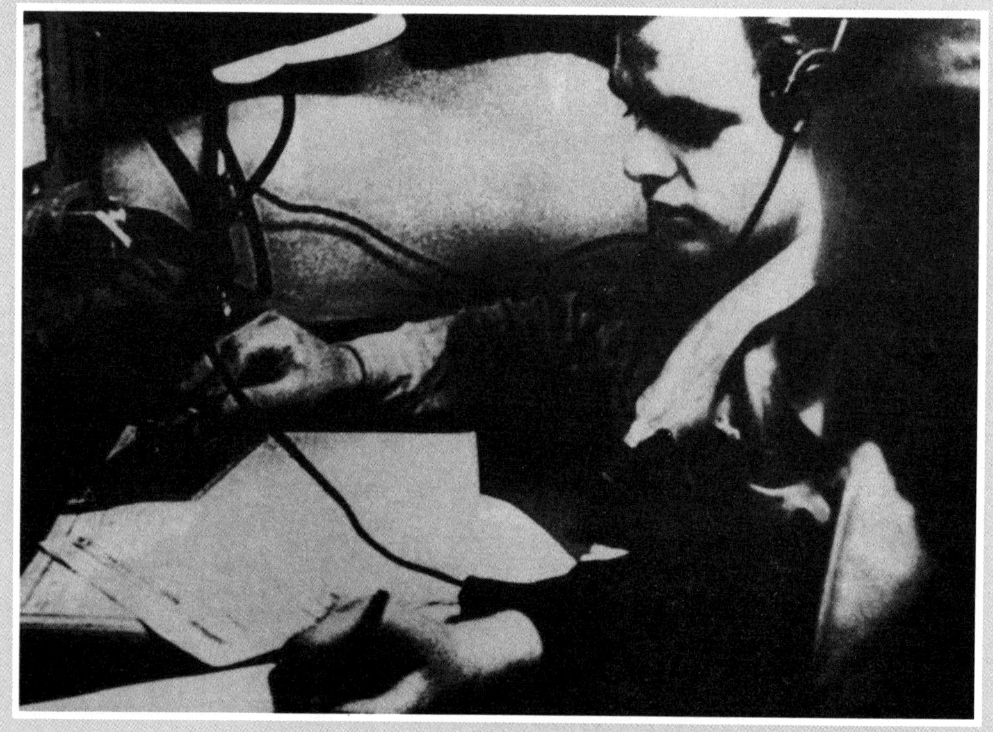

2. 活跃在各大洲的间谍

1942年6月12日晚，一艘来自纽芬兰方向的德国潜艇U－202号向西南方向驶去，直开往长岛的顶端。这艘潜艇由于有浓雾的掩护，一直在洋面上行驶，直至离海岸只有一二海里时，才潜入100英尺深的海底。到了深更半夜，这艘潜艇又浮出海面，接着有几个人上到湿漉漉、滑溜溜的甲板上。这几个人全都身着海军服装，尽管其中有4人并不是水手。他们4人完全是另一类人——德国谍报局的破坏分子。他们穿海军服是个预防措施：一旦他们上岸时被捕，这帮破坏分子希望能蒙混过关，被视作正规的战斗人员，这样美国人可以把他们投入俘虏营，而不是送他们上电椅、毒气间或是绞首架。

当U－202号潜艇在黑暗中慢慢驶向长岛海岸时，在这艘潜艇以南1000海里处，第二艘潜艇U－201号装载着另外4个人正向佛罗里达的蓬塔威德拉海滩接近，这地方位于杰克逊维尔的南部。这两个组的成员在柏林经过严格的挑选，被派遣来执行帕斯托里厄斯行动——这是现代战争史上最为冒失的行动之一。

在一名英国情报军官（前右）警惕目光的注视下，被抓的德国特务沃尔夫·施密特向德国谍报局发送一份欺骗性的无线电文。在战争期间英国抓获了十几名间谍，大多数人选择为抓获他们的人工作，而不是接受因间谍罪而被处决。

希特勒的武装部队最高统帅部（OKW）长期来一直认为美国是个沉睡的巨人。富兰克林·D. 罗斯福总

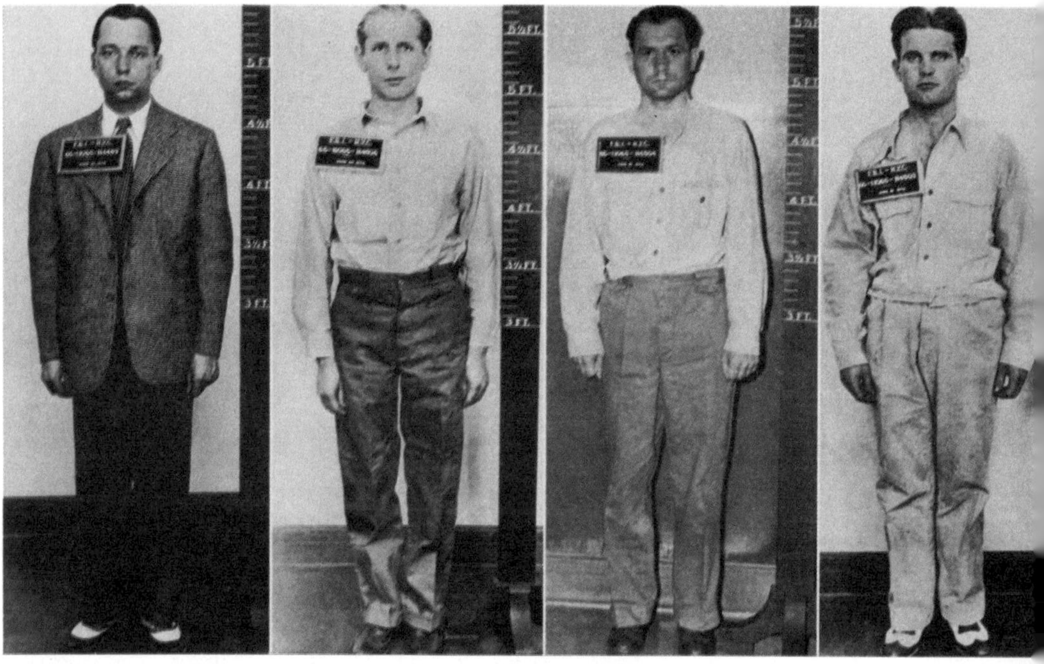

恩斯特·博格　　乔治·达希　　沃纳·第尔　　爱德华·克林

1942 年 6 月，8 名德国特务站着让联邦调查局拍照。在执行一个名叫“牧师行动”的任务时，这些人潜入美国，伺机摧毁生产战争物资的工厂。但是，一个名叫乔治·达希的间谍，向联邦调查局自首并供出了他的同伙。一个军事法庭判处其中

统向德国宣战后，武装部队最高统帅部的官员一直催促德国谍报局头目——海军上将威廉·卡纳里斯——制订一个计划，旨在赶在美国能充分利用并发挥它的巨大潜力之前，摧毁美国的工业。

卡纳里斯把这个任务交给他的一个美国问题专家，此人名叫沃尔瑟·卡普。卡普于 1937 年返回他的祖国德国，在这之前，他在伊利诺伊和纽约两地积极为纳粹做宣传工作。帕斯托里厄斯行动小组一打入美国后，他计划亲自溜回美国去，以他选择的第二故乡芝加哥为基地操纵这个行动，他与手下特务的联络方式是在《芝加

理查德·奎林　　海德里希·海因克　　赫伯特·哈普特　　赫曼·瑙保尔

6个人电椅死刑。因为做证指控其他人，达希判了30年徒刑，然而恩斯特·博格也在法庭上做证，他却被判无期徒刑。“这些人在对方作战，”达希说，他是一个德国出生的美国公民，“我告发他们只是另一种战斗方式。”

哥论坛报》上刊登加密的广告。他们破坏的目标有：美国铝公司设在伊利诺伊州东圣路易斯、田纳西州阿尔科阿以及纽约州马塞纳的工厂；建在尼亚加拉瀑布处的水力发电站；俄亥俄河从路易斯维尔至匹兹堡段的水闸；新泽西州纽瓦克铁路车站；以及源自纽约附近西切斯特县的供水系统，这一供水系统负责提供纽约市的用水。

卡普一组总共八人，都像他本人一样，多年来一直居住在美国，能说一口十分流利的英语，对美国的风俗习惯也很熟悉。其中两人是美国公民，一人的妻子住在纽约市。卡普让他手下的人在昆特兹湖旁接受了八周的训练，这地方位于柏林郊外，有森林覆盖。训练内容包括进行徒手格斗，掌握制造隐形墨水的技术和各种爆炸器具的使用，以及佯装对德国的目标进行攻击，其中包括对柏林火车修理厂的攻击。每一个人还给提供了一套伪造的美国文件，包括出生证、延期服役证明、开车执照以及社会保险卡。小组人员要熟记伪造的生平，还得进行宣誓，保证要除掉小组里因胆怯而不想干的成员。

1942 年 5 月下旬，这帮破坏分子到达位于法国洛里昂的潜艇基地，接着开始了他们横渡大西洋 3 万英里的旅途。小组组长身带 7 万美元的现金，用于进行行贿和支付日常的开销。每个小组成员发放一个装有 4000 美元的钱袋和一个装有 400 美元小面值票子的钱包。

当 U－202 号潜艇航至浅水时，四个特务跨进了一只小橡皮艇里。他们携带上两把铲子，一只装有衣服的粗呢包及四只防水的匣子，匣里面装满了十分精巧的爆炸装置：伪装成煤块和木块的炸药，装在刨花里的 TNT，伪装成钢笔和铅笔的燃烧弹，还有一捆捆的电缆、引信和定时器。潜艇上的两名船员把这帮特务送到岸边。

最后，橡皮小艇触到了沙子，这群破坏分子全副武装爬上了岸。但正当他们开始松弛下来，想要自由自在舒口气时，一道电筒光线透过黑暗直照过来。“在这里干什么？”一个声音问道。这声音是美国海岸警卫队的二等水手约翰 · 卡伦发出的，他 21 岁，正值班在海滩上巡逻。

这些特务有命令，只要碰到阻拦他们的人就把他干掉，把尸体交给潜艇上来的水手，让他们带回去扔到大海里。但这个小组的组长乔治·达希决定不这样做。达希一面迅速地思考，一面走近卡伦，而且尽量用平静的口吻向后者做解释，他说他和他的同伙都是渔民，因为大雾迷了路。但是，其他人在暗处没被人发觉，却叽里呱啦说起德语来。达希注意到卡伦突然警觉起来，就一把抓住身无寸铁的海岸警卫队队员，用手枪对准他的脸。“你有父母亲，对吧？”他厉声说。“你不会不想再见到他们吧？”他把捏成一团共 265 美元的钱塞进了卡伦的手中，并接着说：“拿上这钱去好好玩玩。忘了你在这儿看到的一切。”卡伦一时吓得不知所措，先是退着走了几步，接着转过身来拔腿就逃，逃向半英里外海岸警卫队的一个站。很快，一支全副武装的巡逻队就出发去了海滩。

巡逻队到达时，这些德国人已经换上了老百姓的衣服，把制服和炸药埋了起来，正向内陆逃窜。他们发现自己逃到了阿默甘西特镇附近。当地有些住户被离去的潜艇的柴油机声所吵醒，按亮了电灯。但是庆幸的是没有人到屋外来，这些破坏分子终于到达了当地的火车站。不久，一位铁路工作人员来了，卖给他们去牙买加的票，牙买加是所有长岛开往纽约市火车的中转站。大约早晨 6 时 30 分，西去的头班列车隆隆地开进了站，这帮特务上了车。像其他乘车上班的人一样，每个特务都埋头

6月17日，在佛罗里达杰克逊维尔附近上岸后，“牧师行动”破坏小队的4个人把他们放在防水箱里的设备掩埋起来，等以后再来取出（上图）。在联邦调查局从海滩上发现的爆炸物中有成堆的TNT、雷管和伪装成大块煤炭的炸弹。

读报。在宾夕法尼亚站，特务小组的人员分成两人一伙，分别去找旅馆，到了旅馆，他们用假名登记。

然而，正当一切都在顺利进行时，事情出现了戏剧性的突变，帕斯托里厄斯行动突然以失败告终。为这次

6月30日在俄国前线，阴森的威廉·卡纳里斯步履蹒跚地走向阿道夫·希特勒的办公室为三天前在美国“牧师行动”失败的原因做出解释。跟随卡纳里斯的是两个主要助手，谍报局破坏行动负责人埃尔温·拉豪森将军(左)，以及谍报局间谍行动负责人汉斯·皮肯布鲁克上校。

行动所制订的野心勃勃的破坏计划没有一项能付诸实施。乔治·达希事先不露一点声色，突然成了名告密者。他到达纽约市的当天晚上，打电话给福林广场的联邦调查局办公室，说有重要的消息要报告。但追问他细节时，他挂断了电话。在挂断电话前他答应说：“我一周内去华盛顿，亲自向J. 埃德加·胡佛递交情报。”

6月19日，达希乘火车去华盛顿，从他所逗留的

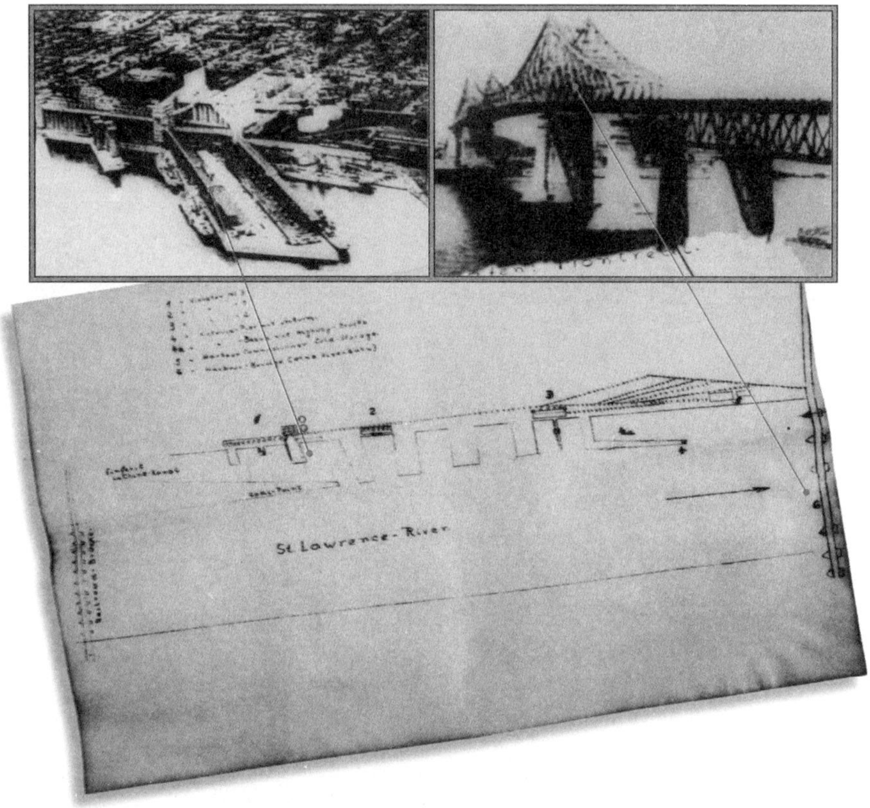

五月花大酒店客房里给联邦调查局打电话。他把一切都交代了，包括小组其他人在曼哈顿的地址，还报告了这样一个事实，即另外一个帕斯托里厄斯小组活动在佛罗里达州。不到两周的时间，联邦调查局把他们一网打尽。

在罗斯福亲自下令对这帮间谍进行审讯的军事法庭上（这样的军事法庭自 1865 年亚伯拉罕 · 林肯遭杀害后还是第一次），达希坚持说他热爱美国，自从一开始，

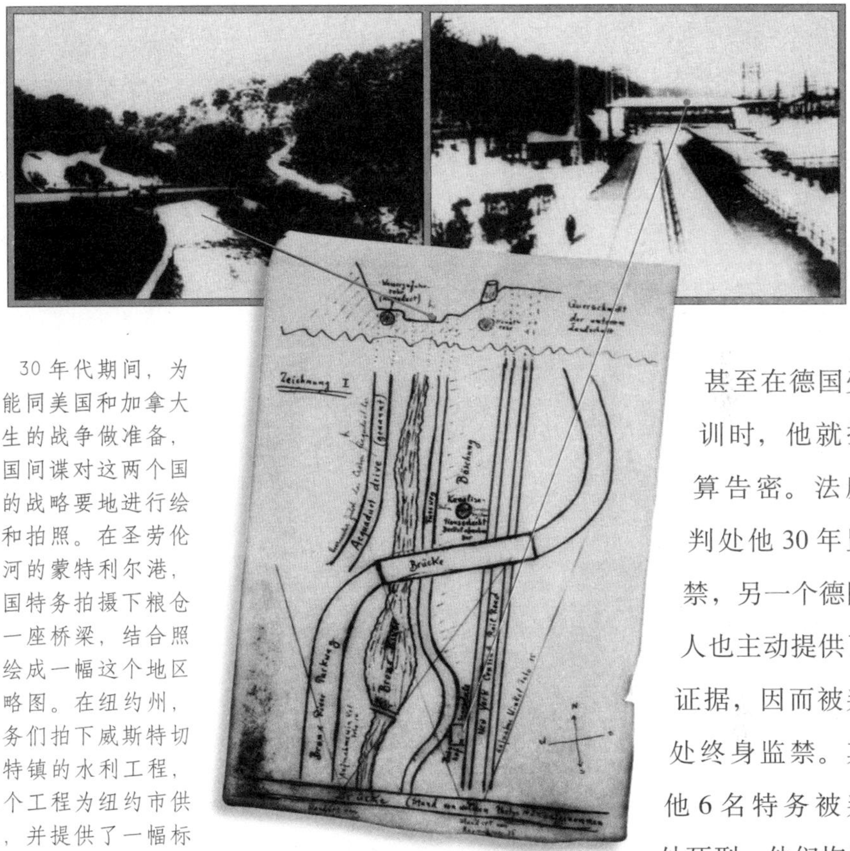

30年代期间，为可能同美国和加拿大发生的战争做准备，德国间谍对这两个国家的战略要地进行绘图和拍照。在圣劳伦斯河的蒙特利尔港，德国特务拍摄下粮仓和一座桥梁，结合照片绘成一幅这个地区的略图。在纽约州，特务们拍下威斯特切斯特镇的水利工程，这个工程为纽约市供水，并提供了一幅标出一座水道桥横断面的图纸。在斯卡斯代尔，一名特务拍下一个火车站。

甚至在德国受训时，他就打算告密。法庭判处他30年监禁，另一个德国人也主动提供了证据，因而被判处终身监禁。其他6名特务被判处死刑。他们均坐电椅而死，葬于华盛顿特区国家的墓地里，坟墓上没有标志。

帕斯托里厄斯行动是由德国谍报局一手策划，旨在破坏美国的一起布置十分周密、性质极为严重的阴谋，但这远不是仅有的一次。在美国参战前一年，以及参战后的几个月里，美国本土上到处都有德国的特务。事实上，卡纳里斯海军上将的情报机构派遣特务到全球的各个角落。这样做的结果使德国谍报局的能力受到牵制——当然也使目标国家警察机构的力量受到牵制。

在美国的所有特务基本上是移民到美国的德国人，如参与帕斯托里厄斯行动的人员，或是出生于美国的德国人后裔。有些人是机会主义分子，当特务是为了钱，但另外一些人是觉得他们首先要忠于自己的祖国。大多数重要特务分子都回过德国，受过德国谍报局的训练。然后他们再回到当时仍是中立的美国，发展特务组织。

库尔特 · 弗雷德里克 · 卢德威格领导着这些特务组织中规模最大的一个。卢德威格出生在俄亥俄州的弗里蒙特，因而是美国公民。当他还是个孩子时，就随父母回到了德国的慕尼黑。他成功地从商后，于 1939 年主动提出要为德国谍报局服务。在汉堡的驻外站完成一期训练后，他伪装成一个皮货商，乘海轮到了纽约，随身带着一个远距离无线电发报机和德国谍报局在中立国西班牙和葡萄牙邮件投寄点的地址。他的主要任务是要搞到有关美国向英国运送战争物资以及美国自身进行备战情况的情报。

到纽约后不到几周的时间，卢德威格就发展了一伙告密者，包括保罗 · 博查特，此人是个退役的德国陆军少校，伪装成一个从盖世太保手下逃出来的难民；另一个是雷内 · 弗罗利克，他是纳粹扶植起来的德裔美国青年团体的一员，新近应征入伍驻扎在纽约港里的加弗纳岛上；还有卡尔 · 施罗特，他出身于瑞士，在迈阿密开租赁船；以及其他几个德裔美国人同盟会的会员。

卢德威格经常带上露西·贝姆勒驾着一辆新型的轿车到处转悠，收集有关陆军营地、海军基地以及军火工厂的情报。不久两人就整理出了一份材料，上面几乎列出了美国所有的军事设施，包括主要部队负责军官的姓名、人员的数量、何种装备及进行何种训练。

为了应付紧急情况，卢德威格的车里还设有一台可携带的短波无线电，功率很大，可以传到德国谍报局在巴西的监听站或是潜行于美国东部沿海的德国潜艇。然而一般来说，他通过打印的信件与他的上司进行联络，他把这些信件投寄到葡萄牙和西班牙的秘密信箱。他用英语写的信一般是伪造的商业通讯来往，在英语写的信的字列行间才是使用隐形墨水用德语写的真正的消息。卢德威格偶尔也用 19 世纪一种难懂的德语缩写字体来书写。他写信用的署名是乔·凯斯勒或是乔·K。

最终是他写的信使他倒了霉。航空邮件是由越洋飞机从纽约飞抵里斯本的，中途在百慕大和亚速尔群岛做逗留。百慕大的英国协调办公室例行地要打开经过这个岛屿的所有邮件。有几个月的时间，卢德威格的信件并没有引起英国人的注意。但是最终卢德威格信中的一些生硬的、不符合习惯用法的短语引起了信件检查人的注意。但英国人仍发现不了任何破绽。卢德威格的隐形墨水是用药房里出售的一种叫氨基比林的镇痛药溶剂制成的，无法侦破。后来一名化学师找到了破读秘密信件的方法，不久，英国的情报机构把截到的一大叠有罪信件寄给了 J. 埃德加 · 胡佛。

联邦调查局清楚乔 · K 便是库尔特 · 卢德威格，而且很可能就住在纽约——但是具体在哪儿？然而几周后，卢德威格自己露了马脚。卢德威格意识到有人在盯梢，便决定要逃跑，他与迈阿密的施罗特联络上，讨论是否可以乘船逃往古巴。施罗特否决了这个想法：因为联邦调查局监视得太严密。卢德威格决定最好的选择是驾车去西海岸，在那儿搭上艘开往日本的船只，然后再从日本回德国。但是联邦调查局已经盯上了梢。联邦探员跟踪他到了俄亥俄，卢德威格去那儿是搞一份他的美国出生证——要想得到美国的护照必须得有出生证。现在，联邦调查局清楚他们跟踪的人想要逃离美国。他们没有立即逮捕他，而是继续跟踪他，可能他能引出其他的特务分子。到了蒙大拿州的比尤特，卢德威格遗弃车子，上了开往华盛顿州的“灰狗”公司的公共汽车。联邦探员觉得没必要再跟踪下去，他们在西雅图逮捕了卢德威格。在他口袋里，联邦探员找到了一本黑皮的本子，里面记有他领导的特务组织的所有人员的名字，他们之中的大部分人很快就被关押起来。

德国谍报局派往美国的另一个训练有素的特务是威廉 · 乔治 · 德博斯基，他是土生土长的德国人，第一次世界大战中在凯泽的军队里服役过。1922 年，德博斯

1942 年 3 月，因间谍罪被判 5 年徒刑后，19 岁的露丝·勃赫姆勒同一名联邦法警离开曼哈顿的法庭。克特·路德维格（上），一个德国间谍网的头目，用过冒险生活的谎言吸引天真的年轻女孩加入他的组织。

基是一艘商轮上的船员，他在得克萨斯州的加尔维斯顿上了船，躲藏了起来，改名为威廉 · G . 西博尔德。以后的 17 年中，他干了许多种类的工作，包括有一段时间在圣迭戈的统一飞机公司工作过。1939 年，他回德国去探望家庭人员——被德国谍报局招募当了特务。对那些招收他的人来说，西博尔德显得格外的珍贵，因为他熟悉美国的飞机生产。

西博尔德接受了德国谍报局七周的正常训练：加密码及解密码，使用隐形墨水，操作短波无线电发报机，以及拍摄文件的微型照片，这种照片可以把一页文件缩小到一个铅笔点那么大小。接着他上了开往纽约的远洋海轮，并于 1940 年 2 月 6 日到达目的地。他的口袋里装有一份假护照，用的是假名威廉 · G . 索耶，还有 4 名已经活跃在纽约市的德国间谍地址。在他离开德国前，负责领导他的德国谍报局官员赫尔曼 · 桑德尔给他的命令是在曼哈顿建立一个办公室，作为收集情报的点，然后用无线电发送到大西洋彼岸。

西博尔德一切都遵照命令做了，在位于第 42 街和百老汇交汇处的克尼克博克大楼里租了一间办公室，又在长岛的中心港建起了一个无线电发射器。他与纽约地区的老间谍接上了头，他们是弗雷德里克 · 杜奎斯尼、卡尔 · 鲁珀、赫尔曼 · 兰和埃弗雷特 · 罗德。其中后两名间谍在 30 年代末成功地窃取过诺登投弹瞄准具的部分图纸。一个名叫莉莉的年轻女子负责当西博尔德的信使和吸收新的告密者。

4月初，西博尔德通知汉堡驻外站，他已一切准备就绪，可以开始发报。1940年的晚春和整个夏季，情报源源不绝地从中心港发出去。“比利时的阿布隆村号船已经起航，装载着铜、机器零件和引擎。”一个加密的情报这么说，接着补充道：“英国大不列颠号海轮运载着飞机引擎和12架重型轰炸机定于星期二起航。”西博尔德在汉堡的代号是特兰普，他不久就成了德国谍报局最有价值的特务之一。

表面上看来是这样。但是西博尔德比德国谍报局那帮狐狸更为狡猾。在离开德国之前，他先是秘密地去了科隆的美国领事馆，说明了事情的原委。他一到纽约就与联邦调查局取得联系，又与该局的探员一起合谋在他的办公室里安装了一面双向的镜子，因此一架隐藏着的照相机能把每一个来访者都摄下来。联邦探员也接管了中心港的电台，发出的情报不是假的就是无关紧要的。

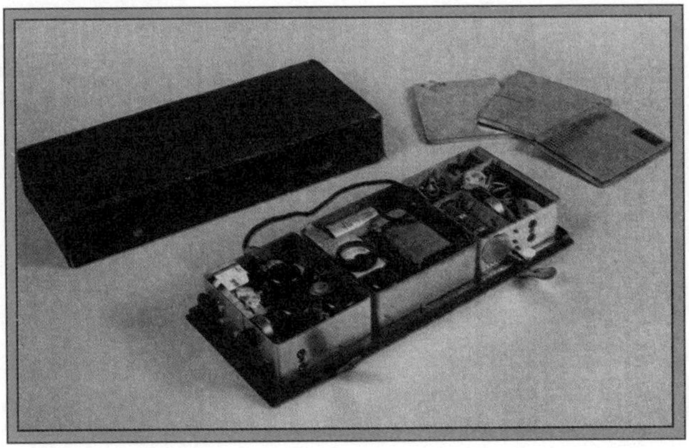

这个德国间谍使用的无线电由3个不锈钢部件组成，它们加起来还没有一个小公事包大。左边是接收器，中间是电池，右边是发报机，可以使欧洲任何地方的特务能够将情报传送到谍报局总部。

烟雾从赫克拉斯炸药公司飘出来，这个公司位于新泽西州肯威尔，是陆军的一个供应商，1940 年 9 月 12 日的爆炸和大火令 50 人死亡和 300 人受伤（右图）。该地居民怀疑是来自附近诺德兰营的纳粹破坏分子干的，诺德兰营是德裔美国人联盟的一个活动场所。

1941年6月，联邦调查局把网拉拢来，逮捕了33名特务分子。

西博尔德叛变的消息很快传到了德国谍报局总部。在汉堡驻外站负责空中情报的尼古拉斯·里特少校气愤得直叫喊：“混蛋！叛徒！”“不过，里特，”秘密情报处处长汉斯·皮肯布罗克斯回答说，“用你自己的准则来衡量，特兰普并不是叛徒。他是个为他新的祖国效力的人。”

卢德威格与西博尔德两个特务网络的被歼灭大大削弱了德国谍报局在美国的特务活动，严重地损害了德美两国的关系。美国各地的报纸都刊登了“特务组织被粉

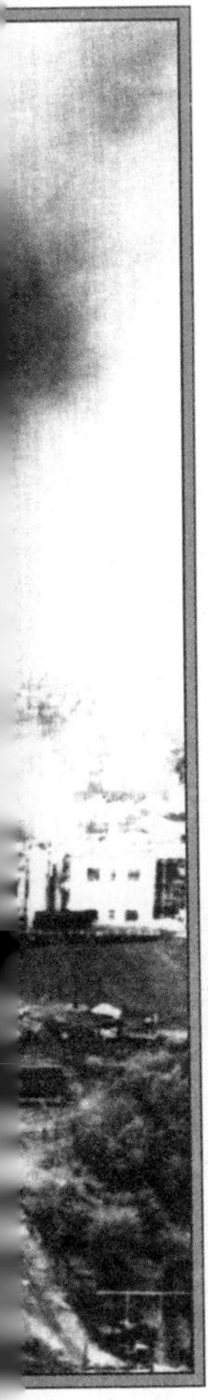

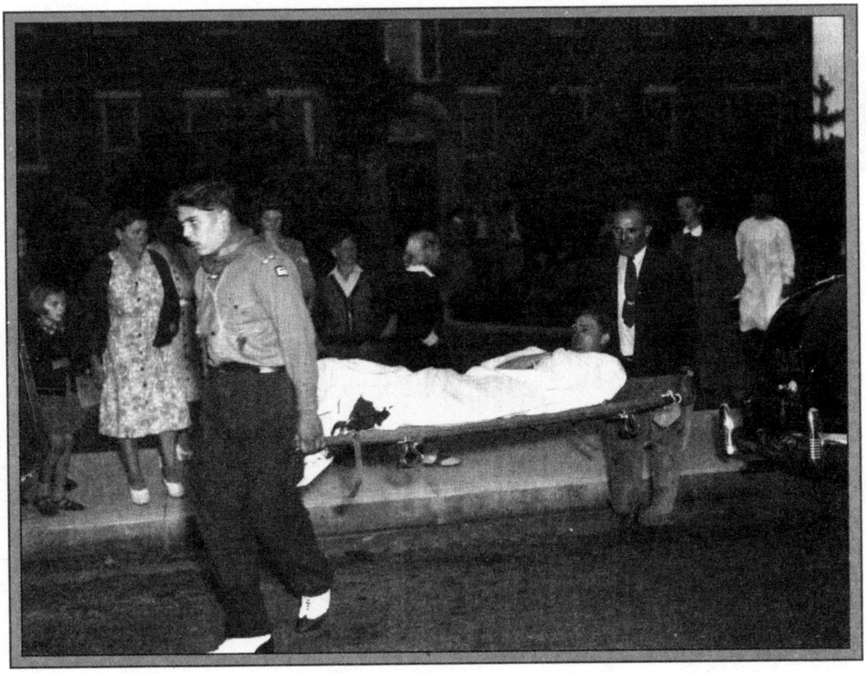

碎”这样的通栏标题，激起反德情绪的高潮。这一事件也使许多德国谍报局的官员大为震惊，他们原以为美国的治安力量太弱，不可能抓获任何人。这也给莱因哈德·海德里希和他的党卫队保安处提供了攻击德国谍报局新的炮弹，大大削弱了德国谍报局在国内的地位。

然而，单个的特务分子还继续在美国活动。其中之一是西蒙·埃米尔·凯德尔。他长着白发，个子矮小，将近60岁，在德国谍报局里他已升到了少校军衔。自打1936年起，他就开始向德国提供情报。他也的确聪明绝顶，多才多艺。他在纽约港留意着船来船往，在搭乘斯塔滕岛的渡轮时还经常毫无顾忌地使用望远镜。他还是美国兵器协会的会员，这个协会是个兵器制造商的行会组织。他作为协会的会员可以出入许多兵器工厂，而且还上了国防部出版物的邮寄名单。他善于拉拢那些掌握军事事务内部消息的国会议员的关系。凯德尔总共给德国谍报局发送了600多份充斥事实的报告。其中的一份——关于盟军的护航舰队是如何组成的分析——是活动在美国的德国间谍发出去的最有价值的一份报告。凯德尔和他的养女玛丽从码头酒吧里嗜酒成性的水手那里得来的点滴情报，加以汇总才整理出这份报告的。凯德尔和玛丽最终于1944年10月被联邦调查局逮捕。凯德尔被判处15年监禁，玛丽被判处7年半监禁。

就是临近战争结束时，德国的情报机构还企图派人渗透到美国来。1944年11月28日，一艘远距离潜艇

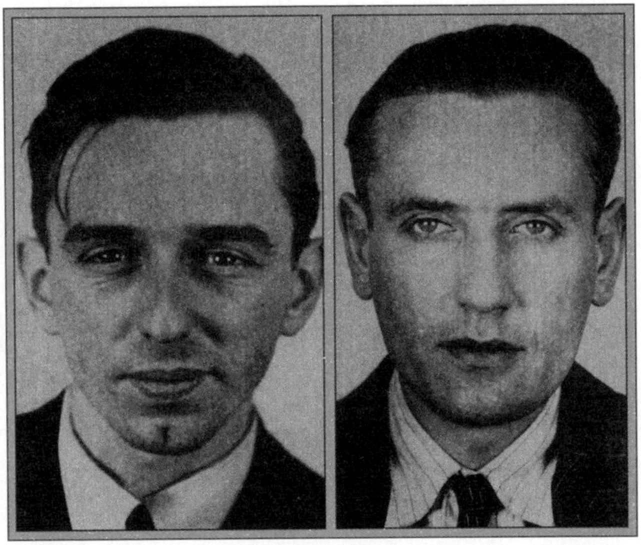

纽约市的联邦调查局特工抓获间谍埃里克·金普尔（左图）和威廉·科尔波夫，一个月前，1944 年 11 月他们从缅因州巴港附近的一艘德国潜艇里潜出上岸。科尔波夫自首了，然后指认出他的同伙。

U－1230 号在缅因州外的洋面上潜出水面，在法国人湾里小心翼翼驶过一个个岛屿，开进巴尔港这个旅游胜地。潜艇进入狭小的港湾后，又潜入海底，等待夜色的降临，然后驶向一个小湾口，在那儿，两名潜艇的乘客可以划着橡皮船上岸。

其中一名乘客是 26 岁的美国人威廉·C．科尔波夫，他来自康涅狄格州的尼安蒂克。希特勒建立新世界秩序的许诺使科尔波夫神魂颠倒，他当上了一艘商船的水手，航行至里斯本时上了岸，找到了当地德国谍报局的办事处，很快上路去了德国。另一个乘客是德国人埃里克·金普尔。两人都从帝国中央安全办公室（或称为 RSHA）接受过无线电发报、微型照相技术及其他特务技能的训练，帝国中央安全办公室是纳粹德国的主要保

交易的致命武器

由于谍报局经常草率地训练它的特务，所以谍报局技术人员提供的武器和炸弹设计得非常简单，很容易学会使用。因为这些武器必须便于隐藏，所以也非常小巧；一个间谍的随身武器一般包括一把可以藏在手掌里的刀子，一个短棒——可以将一个敌人击打得失去知觉——可以藏匿在衣袖里。这些小型武器的简单化使它们显得非常可靠——这也是特务们欣赏的一个特性。因为只有一次机会挽救他的生命或炸毁一座桥梁，特务需要第一次使用就能发挥效力的装备。

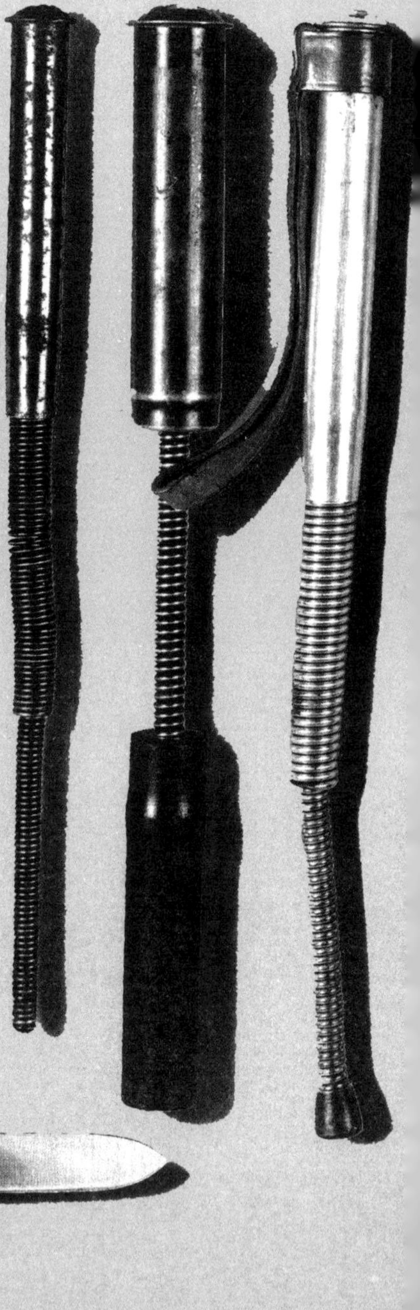

“短棒”是可压缩的钢制弹簧。当压缩时，这种武器可以藏在上衣衣袖里，使用者只需向前挥舞手臂让短棒伸长到最大长度，有十六英寸长。一些特务携带袖珍型（左），或者橡皮短棒（中）打昏受害者，但是其他人使用一种铅头型（右），这种短棒致命得足以敲碎头盖骨。

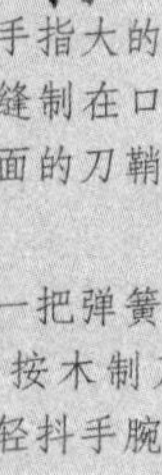

这种手指大的小刀(上)装在一个缝制在口袋里或衣服翻领下面的刀鞘里。

要打开一把弹簧刀（下），使用者只需按木制刀柄顶端的一个挂钩并轻抖手腕。那个长钉在解开降落伞绳结时非常有用。

如果要放火，弄破这个袖珍燃烧弹里面的雷管（右），然后将这个装置轻轻放到油桶或其他易燃物体的下面。一旦被点燃，燃烧弹里面的汽油可以燃烧足够长的时间引燃周围的任何东西。

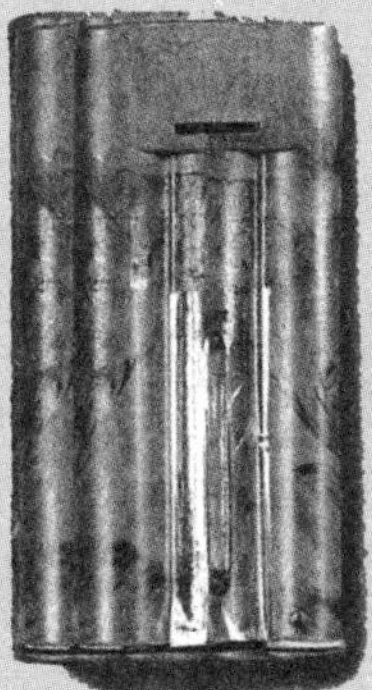

专门设计用来谋杀，这个六英寸长的管子（上）可以发射一个四毫米子弹，当使用者对准受害者按动活塞时。目标者的衣服可以压低这种枪的枪声。

看上去像一个铅笔和铅笔盒的东西实际上是一组定时雷管（左），这组设备可以起爆炸弹和燃烧弹。如果要使用，特务要拔去它的外壳，打碎里面一个酸性化合物小玻璃瓶。酸性化合物腐蚀掉一个连接到炸弹起爆器上的连接器，然后将炸弹引爆。

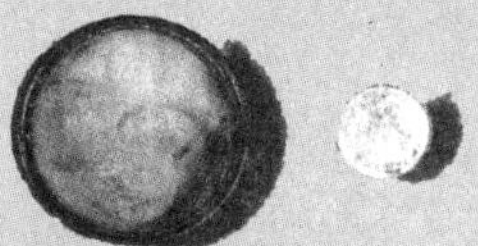

当被轻轻放进一个引擎的油箱里时，这些腐蚀性的片剂（上）发生分解，将汽油变成一种破坏轴承的粉状沉淀物，并阻止车辆冷却。

安装上 2.5 磅的塑料炸弹，这个鞋盒大小的水雷（左）可以在船身上炸出一个五英尺宽的洞。六个强力磁铁将这个装置牢牢吸在船身、桥墩或其他金属构造物上。

安机构，后来吞并了德国谍报局。两名间谍的主要任务是搞美国的造船业、飞机制造业及火箭试验方面的情报。他们无线电发报用的是密码，解开他们的密码的关键是一组广告词："买好彩香烟——它们真是烤制的！"

科尔波夫和金普尔划着橡皮小船上岸后，钻进了覆盖着瑞雪的树林里，找到了一条通向美国一号公路的泥路，这条公路从缅因州一直通往佛罗里达。路上他们遇上了一名出租汽车司机，后者把他们送到了班戈，他们从班戈上了火车去了波特兰，然后去了波士顿，进而又去了纽约市，在纽约市的比克门广场转租了一套公寓房。

此时，他们总算可以松弛一下了。科尔波夫也的确放松了一下——而且是彻底的放松。他身上带着 6 万美元，这笔钱是他说服党卫队保安处上司拨给他的，说在纽约市生活一年不能少于这个数字。他用这笔钱开始大量购物，他买了一套高级西装，去高档的餐馆里就餐，到夜总会去喝酒，还和女人鬼混。他沉浸在纽约市圣诞节期间的灯红酒绿中，搞情报的使命对他来说显得并不十分重要。然而，要搞情报也的确是越来越危险了。科尔波夫清楚，如果他一旦被抓获，那么必死无疑。此外报纸报道的全是有关突出部战斗的情况，这是希特勒在比利时阿登地区的森林里出其不意地对美国军队发动的反击。读着这些报道，科尔波夫萌发了爱国之心。他并不愿意美国的军队遭德国人的打击。12 月 23 日，洛克菲勒中心里充满了圣诞节日期间熙熙攘攘的人群，他甩缅因州的一处海滩上，年轻的哈瓦德·霍德金斯研究间谍金普尔和科尔波夫上岸的地点。参加完一个舞会开车回家的路上，这个高中学生发现两个陌生人，然后顺着他们的足迹来到海边。他把这事告诉了他父亲副执法官达那·霍德金斯，他父亲向联邦调查局报了警。

开了金普尔，去了昆斯区。那儿，他找到了高中时代的老朋友，向他坦白了他接受的秘密任务，要求他的朋友打电话给联邦调查局。很快，一个联邦探员来找这个奇特的叛徒。联邦调查局想知道，如何能找到并逮捕金普尔，科尔波夫积极地提供了他们所需要的情况。两名特务均受到了军事法庭的审讯并被判处死刑，但是哈里·杜鲁门总统给他们减了刑。

德国特务潜伏登陆美国海滩的情景先在英格兰和苏格兰的沿海上演过。从 1940 年开始，德国谍报局就使

用一切手段把特务打入大不列颠岛屿。许多特务是靠德国空军用降落伞投到英国的草地和荒原上的。其他的人假扮成商人和难民乘民用飞机及来往于里斯本和英国南海岸的商船来到大不列颠。潜伏进英国的特务有一部分是专事破坏活动的，不过大多数是来收集军事情报的——有关皇家空军的飞机和它们的性能，以及陆军部队的编制、装备、实力和驻地。特务要把特别重要的情报用莫尔斯发报机立即发送回德国本土，许多特务都随身携带着这样的发报机。不属十分紧要的情报用隐形墨水写成信后投寄到里斯本或是马德里。

德国谍报局在英国重新建立起情报网纯属白手起家。1935 年，希特勒认为英国有可能成为德国的盟国，禁止在该国进行大量的特务活动，这个禁令一直到 1937 年才解除。战争爆发前，根据德国谍报局自己的档案材料，它在英国安插各式各样的特务不下 253 名。这些特务有时装扮成观光者，侦察到了位于英国东部的大多数重要机场、港口设施、军火工厂和油库的地址，帮了德国军事谋士们的大忙。从他们提供的点滴材料，德国谍报局和德国其他的情报分析家通过综合，基本上对英国的战争能力有了清晰的了解。1939 年 9 月战争爆发时，英国警察和其他安全机构迅速地把国内的每一个外国人都集中起来。他们中大约有 600 人被列为“不可靠人士”，不是给押送出国就是给关了起来。另外 6800 名“无法定性的人士”遭到不断的监视。这次行动使德国谍报局在英国形成的间谍网络被彻底粉碎，因而断绝了可靠的信息来源。

短时间来说，这个问题并不显得十分突出。希特勒深信英国人的头脑会清醒，会与德国人讲和的，尤其是德国国防军于 1940 年 4 月闪电般地占领了挪威，接着在 5 月和 6 月又迅速地征服了比利时、荷兰和法国。然而英国人还是拒绝屈服。德国武装部队最高统帅部作战部长阿尔弗雷德 · 约德尔将军要求卡纳里斯派遣新的特务小组去英国，为德国空军提供目标地区的情报，同时也要为海狮行动收集战术情报，所谓的海狮行动是指跨越英吉利海峡入侵英国，一旦德国空军占有空中优势，海狮行动就立即开始。

约德尔将军的这一要求是很不切实际的。且不说德国和英国已经宣战，把特务派遣到敌对国去是极端危险的，另外，也没有足够的时间去物色可靠的新人选。尽管如此，卡纳里斯还是命令里特和汉堡驻外站的赫伯特 · 威奇曼招收、训练及武装起一个新的特务小组。“但这是不可能的，海军上将。”威奇曼反驳说，而卡纳里斯却回答说：“这次必须要让不可能变为可能。”德国谍报局把这次建议派遣特务去英国的行动称为莉娜行动，可是机构内部持怀疑态度的人私下称它为上天堂行动。

威奇曼和里特着手去完成卡纳里斯下的这道命令，他们先是派驻外站负责经济部门的卡尔 · 普里托里亚斯中校——他又是个招兵买马的能手——去那些新近被征服的国家，看看能否找到潜在的特务，他们可以被当作是纳粹铁蹄下逃出来的难民。被普里托里亚斯选中的人员要进行短期的训练，掌握密码使用技术和随身携带的无线电操作技术。这些可随身携带的无线电称为阿富，是无线电讯电子公司特地为德国谍报局生产的。之后，这些新特务被送去英国，尽管他们中许多人缺乏对目标国家详情的了解，而这对一个特务的安全和工作的成功是至关重要的。因此，后果是可想而知的。

第一批出发的有 4 人，分成两组，夜间从布洛涅乘拖轮去肯特郡的海岸。其中一个组的组长是个法裔德国人，名叫罗斯 · 鲁道夫 · 沃尔德伯格。他出于新手的热情，拿出阿富来，发了个顺利到达的电文到德国。当然，这个无线电文是很容易被英国人截住的。然而，使他的小组遭殃的倒不是沃尔德伯格发出的电文，而是他的同事卡尔 · 迈耶做了件错事。第二天上午 9 时，迈耶进了一家英国酒吧，要一杯苹果酒喝。酒吧的老板娘立即意识到迈耶是个外国人；因为没有哪个英国人会期待酒吧这么早就开业。老板娘让迈耶 10 点钟再来——然后她打电话通知了警察，警察不光逮住了迈耶也逮走了沃尔德伯格。另一小组也遭到了不光彩的下场。他们闯入了萨默塞特郡轻步兵露营地，立即遭到逮捕。

其他几个匆匆忙忙接受训练的小组也同样表现不佳。有一个特务小组的两个人由水上飞机载到了苏格兰

赫伯特·威奇曼少校，谍报局汉堡分站的负责人，负责招募、训练和装备1940年夏秋派往英国的间谍和破坏人员。

的海岸，涉水上岸时弄湿了衣服。他们到附近的车站买火车票时，售票员注意到了他们湿透的衣服。他感到可疑，打电话给当地的警察，警察在这两人出示的伪造身份证上发现了问题。这位警察把这两人带到了当地的警察局。在那儿一经搜查就找出了一根吃了一半的德国香肠，一支毛瑟手枪和藏在一个手提箱里的一台阿富无线电。

过了一段时间，德国谍报局新招来的特务的运气似乎有了改善。其中有一名是沃尔夫·施密特，丹麦人，26岁。他平时用别名汉斯·汉森。汉森是个狂热的纳粹分子，极愿意有机会去收集英国的情报。他的同伴是个高个芬兰人，名叫戈斯塔·卡洛利。他俩到了汉堡后，向里特报到。“我想你们清楚你们志愿这样做的后果，”

里特警告他们说，“你们知道你们这样做是有生命危险的。”汉森回答说他们清楚，而且仍旧极愿意去。

里特让他俩住进了汉堡一家名叫克洛普斯托克的小旅店，这家小旅店是德国谍报局的一个住宿处。里特又找来了教练训练他们使用莫尔斯电码，识别飞机种类和炮的口径以及掌握英国的地理知识。1940 年 8 月初，这两人来到了法国境内的德国空军机场，在机场，他们与空军上尉卡尔·加顿费尔德相见，加顿费尔德是个飞行员，专长在夜间进行秘密飞行。不久，加顿费尔德用他漆成黑色的亨克尔 111 型轰炸机把卡洛利运送过英吉利海峡，投到了英格兰。

过去了好多天，卡洛利才发出消息。出了点问题，他降落时伤着了腿，需要帮助。9 月 19 日，汉森安全地降落在剑桥郡的一个村庄外。里特决定与伦敦的一个德国谍报局忠实的特务取得联系，他的代号是约尼，这家伙侥幸地躲过了伦敦警察厅的追捕。不久，里特接到了一份报告：约尼已派手下的人去寻找汉森和卡洛利，设法给卡洛利提供医疗。约尼另外做了安排，在剑桥租了一套公寓，在那儿卡洛利和汉森可以安全地躲藏起来。

卡洛利用电台发出了几条信息后就杳无音信。而汉森还是定时发出报告——在以后的几年中共发出报告达 1000 多份。尽管他是个多产的特务，但他却十分令人头痛。他不断地向里特索取金钱，有时还宣布给自己放假。“今后的两三天内不能报告情况，”他有一次发报

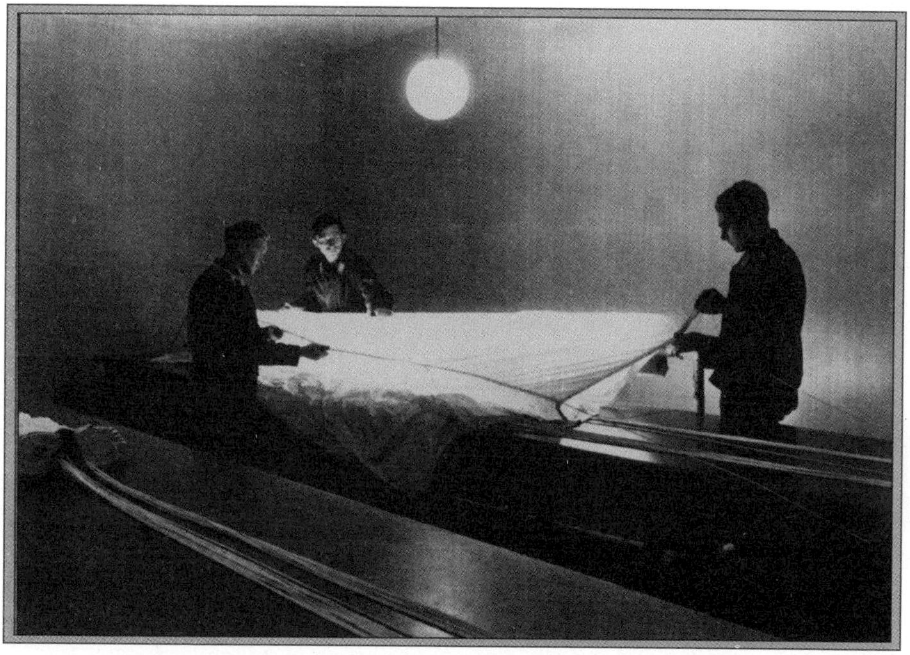

欧洲沦陷区的一个飞机场，三个德国特务在折叠他们的降落伞，做空投到英国的准备。谍报局还利用潜艇、橡皮艇和渔船向英国派遣特务。

说，“今晚我要喝个烂醉。”

另外两名新手好似也干得不错。他们是两个挪威人，奥拉夫·克劳森和杰克·伯格，均是维德孔·吉斯林法西斯政党的党员。乘水上飞机到达苏格兰的海岸，两人涉水到了岸上，不久就在伦敦地区开始发报。另一个特务乘降落伞成功地降到剑桥郡的草地上，他的任务是炸掉位于哈特菲尔德的哈维兰飞机制造厂。后来还有更多的特务派到英国来：1940 年的下半年有 25 名，1941 年有 17 名。

汉堡驻外站的官员庆贺自己的好运——做成了不可能的事。他们从没有怀疑过事实的真相——他们被出卖了。英国的反间谍处 MI–5 知道有关德国间谍的所有情

一名德国空军地勤人员准备空降英国的任务，他将他们的亨克尔 111 飞机涂成黑色。在夜航中，这些经过伪装的轰炸机，飞机的标志被涂掉，英国地面炮手基本上看不见。

况，只要他们一踏上英国的国土——甚至还没有踏上英国的国土。表面上看来是德国谍报局的辉煌胜利，实际上证明是个惨败。

这场骗局中的关键人物不是别人，而是约尼，是被德国谍报局认为驻伦敦的可靠分子。事实上，约尼的真姓实名是阿瑟·乔治·欧文斯，威尔士人，40 岁，是个酗酒追女人的能手。欧文斯像许多的威尔士人一样，声称讨厌英国人。30 年代末，他几次渡过了英吉利海峡，主动表示要为德国谍报局服务。然而与此同时，他正在为英国海军部服务。当他对海军部的工资不满时，他不假思索就向德国谍报局出售情报。无论如何，在英国向德国宣战的当天，欧文斯与伦敦警察厅的特工部取得了联系，表示愿意重新为英国服务，并披露了他暗藏电台的地址。伦敦警察局无法确定这个狡猾的欧文斯到底为哪一方服务，为了安全起见，把他关进了旺德斯沃斯的监狱里。MI－5 的特工人员与他交谈，坚持要他用电台与汉堡取得联系来表达他的忠心。欧文斯按照所要求的做了，他在牢房里操作阿富无线电，用他喜爱的一个德文短语“一杯啤酒”开始他的发报。从那时起，欧文斯就成了为英国情报机构服务的双重特务。

阿瑟·欧文斯，自我形容为一个“痛恨英国人每件事情的威尔士民族主义者”，是德国最信任的英国间谍。但是，他成了一个双重间谍，揭露其他德国间谍并向英国人出卖谍报局的计划。

反间谍处 MI－5 主要是通过欧文斯与汉堡的电台联络掌握已经潜伏在英国的德国特务名单，以及即将来到的特务分子的到达时间和地点。不久，德国的特务只要一踏上英国的国土就遭保安人员的逮捕。

MI－5 把一些新到的人员变成了双重特务。第一批里就有汉森。里特向欧文斯发出设法帮助受伤的卡洛利的要求后不久，汉森和卡洛利就被逮捕。汉森不仅同意为 MI－5 工作，而且还干得十分出色。汉森的英文代号为塔特，他立即就投入了工作，不断向里特发报，接受里特的指示，他们之间通讯来往的每一个字都受到汉森的操纵者的监听。

克劳森和伯格也成了双重特务，最终其余的将近

英国牛津附近的一所房屋，1941 年 1 月英国当局在这屋里关押间谍戈斯塔·卡洛利。两次企图自杀后，这个亡命特务成功地制服看守逃跑了——只是在约二十英里外又被抓住。

40 名德国特务也成了双重特务。负责指挥他们的英国人都给他们取了代号。克劳森和伯格的代号分别是马特及杰夫；其他人的代号成了虹、怪动物、鲻、长颈鹿、粗心大意及气球。

英国人能如此出色地让这些德国特务成为双重特务，所采用的办法就是对每一个被捕的特务都进行一次审讯。把那些认为不适合当双重特务的人关进牢狱；给其余的人一个十分简单的选择：他们可以成为双重间谍，不然的话就作为特务被处决。大多数人都选择保存自己的生命——尽管事实上英国人很少动用死刑，宁可把那些拒绝的人送进监狱。每一名 MI-5 官员对他所负责的新招募来的双重特务的一言一行都要进行监督，要协助他写出给汉堡的报告，帮他译成密码，看着他发出去。“只有不断地关心加上一定的心理工作才能使一个投诚的跳伞者能心甘情愿为你工作。”一位老牌的英国特务说。

双重特务中表现最为出色的是个名叫朱安·普乔尔·加西亚的西班牙人，因为他扮演忠实的德国间谍的超常能力，被人们称为加博。在西班牙的内战中，加博为民族主义分子和共和军双方都作战过，他对希特勒可以说是恨之入骨。他与驻里斯本的德国谍报局官员取得联系，说服他们相信他去英国可以成为一个十分有用的间谍。德国谍报局把他送去英国，他到后立即为 MI–5 工作。加博和负责他的官员（他是个说西班牙语的英国人，名叫托马斯·哈里斯）搞了一个虚假的特务圈，假设所有的人员都是加博发展的，从英伦三岛的各个角落向他发来情报。在 3 年多的时间里，加博和哈里斯发出了大约 2400 份情报，而德国谍报局相信他发出的每一份假报告。

这个双重特务体制（或称为 XX 体制）的领导层是个委员会，这个委员会是由情报专家和英国各军兵种的代表组成的，他们决定什么样的信息可以让双重特务及他们的监督人透露出去。发出去的情报要可信，甚至得是事实，但透露的信息不能太多。最理想的当然是发出去的情报不仅能在盟国的实力和企图方面欺骗德国人，还能回收到有关德国谍报局计划的有用情报。这个 XX

委员会以及双重特务的监督人玩这场游戏的技艺十分精湛，致使里特和别的德国谍报局的官员彻底上了当。

在盟军诺曼底登陆前的几个月，XX系统的活动达到了高峰。为了这次至关重要的行动，MI–5用上了最优秀、最为可信的双重间谍，他们是马特、塔特、加博及另外一名出色的伪装者达斯科·波波夫，代号为三轮车。大量的假情报发到了英吉利海峡的对岸。最为突出的是，这些间谍无中生有编造了两个盟军的集团军，又使得德国统帅部相信其中有一个集团军将从英吉利海峡最窄的加来海峡（多佛尔海峡）登陆。德国将领因而深信加来是盟军的主要目标，在真正的盟军在诺曼底登陆几个星期后，德军在加来地区还保存了好几个师的兵力。

卡纳里斯是个拉丁美洲问题的专家，他决定把南半球情报活动的中心设在巴西。德国许多大型的公司在巴西设有办事处，大约有90万出生在德国或祖籍是德国的人居住在巴西。此外，南大西洋的航线就沿着巴西的海岸，电台在巴西境内发出的信号越洋经过最短的路线可到达欧洲。

战争一爆发，德国谍报局加紧在巴西开展活动，在里约热内卢及其他城市创建了多个特务组织。其中第一个重要小组是由奥尔布雷克特·古斯塔夫·恩克斯领导的，此人是出生于德国的工程师，十分精干，第一次世界大战后移民到巴西，负责一家德国电器公司AEG在当地的办事处。30年代末，他去欧洲度假时被德国谍报局雇用，回巴西后就忙碌开了，他的代号为阿尔弗雷德。他建起了一个大功率的无线电发射台，发展了一帮告密者。

英国士兵在英国南部逮捕两名德国特务。许多间谍在抵达英国仅仅几小时后就被抓住了。“做这种生意你必须要有付出代价的准备，”一名谍报局官员写道，“但是即使他们中只有一个人潜入进去并送回有价值的情报，那么这笔投资也值得了。”

他手下的一个特务叫赫伯特·冯·海尔，也是出生于德国的巴西人。他在德国一家公司的运输部门工作，认识里约码头上不少人，这些人可以向他提供海运方面的消息。海尔又发展了汉斯·西维尔特，此人住在巴西北部的港口城市累西腓，他在巴西北部另一个港口纳塔尔有相识的人。西维尔特的贡献是十分重大的：累西腓

是驶往北非的船队以及英国和美国的军舰固定的停靠点。纳塔尔有好几个机场，这些机场自1941年6月起用作美国军用飞机的加油站，这些军用飞机要飞越大西洋上空去西非，然后从那儿进而飞往英国、埃及或是俄国。恩克斯和他的电台操作人员很快向汉堡发送报告——在联邦调查局肃清德国谍报局在美国的窝点后，他们比以往更加忙碌。

第二个特务网是由弗里德里克·肯普特领导的，他是在巴西已经居住了10多年的德国人。德国谍报局通过一家德巴合资公司与他联络上后，他采用了国王的代号。肯普特与他奥地利的合作伙伴赫里伯托·马勒建立起了一家商业信息公司，起了个十分合适的名字：快速信息有限公司。这个公司成了他们进行间谍活动的掩护。至1940年8月，马勒自愿成了肯普特收集情报的伙伴。

这两人纠集了一帮出生于德国的巴西人，帮他们监视里约的运输和其他的活动，又找到了个名叫卡尔·芬克的帮手，此人给他们送来有关累西腓和纳塔尔的情报。肯普特在一个无线电技师的帮助下建立起了一个电台，从此他源源不绝地向汉堡发送情报。一份从布宜诺斯艾利斯转来的情报说有两艘大型的货轮从普拉特河出发。后来这两艘货轮被活动在南大西洋的德国潜艇打沉，很可能是由于这份报告的原因。

德国谍报局对此十分满意，在肯普特缺席的情况下给他授予奖章。不过，汉堡驻外站还是决定在巴西建立更多的特务组织。其中有一个组是由出生在拉脱维亚名叫弗朗兹 · 沃尔瑟 · 乔丹的德国人领导的。他是乘海轮从波尔多到里约的，在里约他受到了该城市德国团体两名人员汉斯 · 霍尔和赫伯特 · 温特斯坦的欢迎。乔丹在他们的帮助下，在美丽的海滩区伊帕尼马一所公寓里找到了住所，随即就开始向汉堡发报。

德国谍报局仍没有满足，又建立起 4 个新的组织，分别由 4 个新人员领导。他们是德国人西奥多 · 施莱吉尔，波兰人约瑟夫 · 斯塔齐克兹尼，奥地利裔巴西人奥斯马尔 · 甘米尔施格以及匈牙利人贾诺斯 · 萨洛蒙。斯塔齐克兹尼显得干劲十足——反倒起到了破坏作用。在汉堡接受威奇曼和里特的训练后，他上了去巴西的船，一下了这条把他非法带进巴西的船，他就吸收了一位运输行家艾伯特 · 施瓦布作为新人员，让他监视里约的码头，又吸收了另一个家伙卡尔 · 马格，让他操作小组的电台，从累西腓发报。接着他与驻桑托斯的德国领事联络上，从该城市获取情报。至 1941 年 6 月，这位新手每月发出的情报达 100 份。

斯塔齐克兹尼干劲十足的做法激怒了做事有条不紊的奥尔布雷克特 · 恩克斯，后者对在他的领地里来了这么多新手已是很不满。恩克斯求助于汉堡让斯塔齐克兹尼加入他的组织，接着又威胁他进行合作。这名性情粗暴的新手拒绝了，因而在德国特务的内部出现了裂痕。更糟的是，斯塔齐克兹尼的奢侈生活方式得罪了他自己

奥尔布雷克特·恩克斯（左）、弗里德里克·肯普特（中）和约瑟夫·斯塔齐克兹尼（右）在南美负责三个最大的德国间谍网，南美是收集盟军航运情报的一块沃土——特别是护航舰队从美洲到达欧洲和北非的方案和航线。

小组的成员——也引起了柏林德国谍报局那帮吝啬的会计们的日益不满。他开的是高档的1940年产的奥尔兹汽车，与他的情妇住在豪华的科帕卡巴纳区宽敞的房子里，尽管别人规劝他让个陌生人接触德国谍报局的机密是自找麻烦，他仍不肯放弃他的情妇。

由斯塔齐克兹尼引起的摩擦最终使德国谍报局在巴西的情报机构遭受灭顶之灾。事端是这样引起的，他的对手恩克斯企图不让他使用短波电台。斯塔齐克兹尼很是恼火，就想另搞一台短波电台进行操作，他亲自去无线电商店购买一个零件。商店主人对这个陌生人产生了怀疑，他既不会说葡萄牙语，又要购买一种用于大功率发射器的波长计，因而通知了警察，警察开始对斯塔齐克兹尼的行动和他所接触的人进行调查。

然而，那时德国间谍从巴西发出无线电报的量也实在太大了，已经引起了同盟国的注意。至1941年末，英国和美国的情报机构截到了几百份的无线电报，盟国政府向巴西总统热图利奥·瓦加斯施加压力，要他结束德国间谍在他国家的活动。但是瓦加斯迟迟不采取行动，直拖到珍珠港事件发生之后。那时，他北部强大的邻国与轴心国宣了战，他才与柏林、罗马及东京断绝了外交关系，而且无视他的亲纳粹内阁人员的反对，下令逮捕德国特务。

第一次逮捕发生在 12 月 18 日，警察抓走了欧文·巴克豪斯，他是施莱吉尔在累西腓的观察员。施莱吉尔的小组给捣毁了，不久，萨洛蒙的小组也瘫痪了。其他小组还企图继续开展活动，把他们的无线电发射器藏到农村，销毁别的罪证。“我们在销毁所有有问题的文件，尽可能维持无线电发报。希特勒万岁！”忠心耿耿的弗里德里克·肯普特发报通知汉堡。到了 2 月份，肯普特也感到紧张了。他安插在累西腓的卡尔·芬克被捕了。德国谍报局警告肯普特除了重要消息外，尽量少发报。

2 月中旬，逮捕的人数急剧增加，当时里约的警察抓住了赫伯特·冯·海尔手下的两名特务。这两人供出了海尔及快速信息有限公司。至 3 月上旬，约瑟夫·斯塔齐克兹尼不明智的无线电商店之行使他栽了跟斗。警察根据商店主人提供的信息，逮捕了 7 名次要的特务，几天后，在漂亮的住宅里抓获了斯塔齐克兹尼，同时收缴了他的无线电、密码本及微型照相术的使用书。

尽管环境越来越恶劣，忠心耿耿的肯普特还继续往汉堡发报。恩克斯的小组也坚持活动，尽管累西腓和纳塔尔的情报来源已经枯竭了。3月中旬，随着一连串的逮捕，灾难终于降临了。先是恩克斯的几个同伙被抓获，随即是恩克斯本人。同一天，肯普特被逮捕，他的发报机也被收缴。接着更多的人遭逮捕。里约的德国大使馆只得通知德国谍报局总部这个灾难性的消息——并向巴西境外的特务发出措辞隐讳的紧急警告电文，不让他们继续向巴西境内的同伙发报。电文的内容是：恩克斯的工场遭爆炸，致使他的“大部分员工不适合再工作”。恩克斯本人成了“他本行业的牺牲品”。

对这些特务不利的证据越来越多。斯塔齐克兹尼很不明智地保存了他所进行的活动和他所接触的人的所有记录。警察还用刑罚逼那些被抓获的人交代最后几个没有被抓特务的情况。特务头子得到了重判——20年或是更长的时间的监禁。尽管没有一个服满了刑，但所有的人都在监狱里度过了战争时期。

德国在墨西哥所做的努力也遭到了同样的命运。20世纪30年代末，德国谍报局在墨西哥城建起了两个特务网。两个网的电台操作员定期发报，报道有关美国和英国海军及其他的军事情报，而且还中转在美国的特务发来的情报。1939年，一名在墨西哥的间谍乔基姆·赫茨利特博士成功地谈判达成了一个贸易协定，为德国购买墨西哥的石油，尽管壳牌和标准石油公司对德国实行禁运。战争开始后，装上运往德国的石油油轮绕道而行，免得遭到英国海军的封锁。另一个间谍卡尔 · 雷科斯基招募墨西哥人来破坏美国的工厂。

然而，早在1940年夏季，墨西哥的间谍活动就出现了麻烦。主要的问题是缺乏资金。战时采取的一些限制性的措施使得要把钱从一个国家转到另一个国家特别的困难，英国采取的现金冻结得到了美国的支持，这就使把钱从一个国家转到另一个国家难上加难。卡纳里斯最终成功地劝说墨索里尼让德国谍报局动用存在美国银行里的约400万美元的意大利基金。意大利的信使设法从银行里取得了这项款子，把美元藏在外交邮袋里。但是这项专门拨给墨西哥城的款子的大部分在得克萨斯和墨西哥接壤的地方让墨西哥秘密警察没收了。这笔钱消失得无影无踪，直到战后它又不知怎的出现在墨西哥政府的账户上。与此同时，德国谍报局在墨西哥的组织因无资金而无法开展活动。

德国谍报局在墨西哥和巴西的活动结束后，阿根廷就成了它在南美情报活动的中心。那里的主要组织者是约翰 · 西格弗里德 · 贝克，此人不属于德国谍报局，而是它的竞争对手莱因哈德 · 海德里希的党卫队保安处的人员。贝克是作为党卫队保安处派往拉丁美洲的负责人于1940年6月去阿根廷的。他与副手海因茨 · 兰在布宜诺斯艾利斯的商业区中心建起了据点。

尽管遭到德国外交部官员的反对，因为他们认为党卫队保安处到南美建立据点是对他们势力范围的侵犯，贝克和兰还是建立起了一个十分高效的组织，这个组织不仅在德国谍报局特务小组被摧毁之后，而且在1943年德国的外交官员给驱逐出境以后，仍生存了下来。1943年那年，贝克有53名电台操作人员、告密者及其他人帮他工作，另外还有间谍从智利、巴拉圭及玻利维亚向他发来情报。

德国谍报局在中东策划的一切阴谋诡计或多或少都与希特勒的梦想有关，他不想让英国得到这一地区的资源，又想切断英国通往印度的路线。他们制订了一个野心勃勃的计划，目的是要推翻埃及的英国政府，用个亲德国的政府来取而代之。主要的组织者是27岁的律师卡尔－海因茨·克雷默，他是在意大利军队的进攻在利比亚和埃及的边境受阻时到达开罗的。汉堡的尼古拉斯·里特给他派来了一名匈牙利籍埃及问题专家拉迪斯劳斯·德·阿尔马斯齐伯爵来协助他。克雷默通过阿尔马斯齐与一帮热心于把他们的国家从英国的控制下解放出来的埃及军官取得了联系。这帮军官的头是埃及陆军司令马斯里·帕沙将军；参与在里面的另外两名雄心勃勃的年轻军官是甘梅尔·阿布德尔·纳赛尔和安沃尔·萨达特，这两人后来均为埃及总统。

克雷默做的第一件事是从马斯里·帕沙那里得到了一份英国防卫西部沙漠的计划。这样做结果捅了娄子，因为一支英国军队占领了轴心国的司令部，缴获了这份

1942 年，约翰 · 贝克（小图），一名在阿根廷的保安处特务，在布宜诺斯艾利斯附近的一家农场建立了一个无线电台。他一直把发报机放在农场养鸡场（右）里一个用稻草覆盖的鸡舍里。按照一个同事的说法，贝克尔是阿根廷间谍网中“唯一真正的职业间谍”。

偷来的文件。掌握了是谁出卖情报，英国人开除了马斯里·帕沙，并逮捕了他。

英国人对他采取的行动只是更坚定了这位将军的决心。德国谍报局策划帮助马斯里·帕沙越狱，让他率领一支埃及解放军与埃尔温·隆美尔的非洲军团肩并肩地攻入开罗。这次行动的主谋又是克雷默，他想方设法劫持了马斯里·帕沙，把他送往隆美尔的司令部。克雷默差一点就成功了。有一次，一架涂上了英国皇家空军标志的德国空军飞机飞到了位于开罗城外沙漠里一个被遗弃的飞机场。可是马斯里·帕沙的汽车在开往飞机场的途中抛了锚。克雷默又一次做出努力，他安排了一架埃及空军的飞机，由一个可靠的反英国的飞行员来驾驶，偷偷地把马斯里·帕沙运往利比亚。不幸的是，此时英国在埃及的保安头子A．W．桑森已经渗透到这个阴谋中来。正当飞机要起飞时，英军出现在机场上。马斯里·帕沙不仅不能率领一支解放部队，他与他的同谋只能在一座英国的监狱里度过战争的剩余日子。

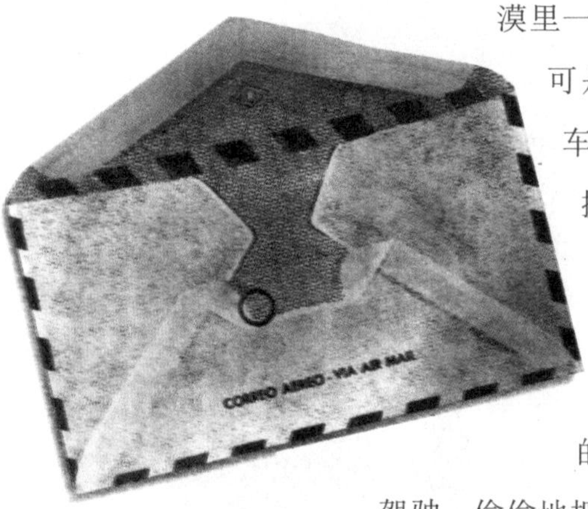

使用缩微摄影技术，谍报局的特务可以把一页手写材料缩拍到一小片胶卷上，胶卷只有一个印刷句点那么小。然后这个微小句点可以隐藏在一封信或一个信封里（上，圆圈部分），而且邮寄时不会被发现。

另一个野心勃勃的计划是于1942年制订的，这时，德国的非洲军团向埃及的挺进受到了挫折。德国谍报局把一个间谍偷运进了巴勒斯坦，目的是报告英国在那儿聚集的增援部队的实力。卡纳里斯选中了一个人来担当这一重要的工作，此人是整个二战过程中德国人所使用的间谍中最令人难以想象的。

他便是保罗·厄恩斯特·法肯海姆，在一战中立过赫赫战功的陆军军官。一战后，他成了一位出色的五金器具推销员。然而，法肯海姆是个犹太人——而且要招募他为间谍，卡纳里斯手下的人首先得把他从达豪集中营中放出来。尽管遭到了党卫队的强烈反对，德国谍报局还是想方设法完成了这个极不寻常的举动。法肯海姆从达豪集中营的苦役中解放出来，接着又在集中营的医院里待了一些日子。之后，一个年轻有礼貌的德国谍报局官员找他谈话。谈话后不到几小时，这位惊愕不已的前劳改犯发现自己已经来到了集中营的铁丝网外面，坐在一辆硕大的梅塞迪斯车里向慕尼黑快速驶去。到了慕尼黑，他被护送上了一辆开往布鲁塞尔的火车。在德国谍报局的保护下，他在那儿做了短期的逗留，他领到了零花钱和新衣服，然后又飞到了柏林。可能最让人惊讶的是，负责训练他的德国谍报局军官称呼他先生，这样的尊称在希特勒的德国从不用于犹太人。

事实上，德国谍报局选中法肯海姆正因为他是犹太人——他到达巴勒斯坦时能受到居住在那儿的犹太复国主义者的欢迎。德国谍报局详尽的档案里说到法肯海姆可以流利地讲多国的语言，包括英语和希伯来语，他的业余爱好是烹饪各种可口的菜。给他的代号是科克——德文是厨师的意思。

保罗·法肯海姆，谍报局在巴勒斯坦的一名特务，使用一个方格来收发密码电文。英国人逮捕他后，他向他的上级发了一个密文，用方格翻成普通文字就是，“我已经被捕。希望逃跑。科克”，科克是法肯海姆的代号。

在柏林受训后，法肯海姆飞往德国人占领的雅典，在那儿，一位名叫汉斯·马勒的德国谍报局官员对他进行进一步的培训，如何操作阿富无线电台，如何使用隐形墨水以及如何区分不同种类的英国飞机和坦克。最终他还受到了跳伞基础知识方面的训练。

法肯海姆在雅典逗留时也遇到过惊险的时刻。在一家餐馆里，有几个德国人找到了他，他们设法把他灌醉，和他进行有针对性的谈话。一天上午，法肯海姆醒来时发现一个长相凶狠的人待在他的旅馆房间里，他意识到他们是盖世太保派来的人，设法搞倒他。那个闯入他房间的人对他大加侮辱，破口大骂他是“肮脏的犹太流氓”。后来发现，此人是党卫队保安处驻雅典办事处的头头。当马勒向他保证说德国谍报局会保护他时，法肯海姆也没有感到多少安慰。

法肯海姆最终得知，在德国谍报局和党卫队保安处两家进行着的你死我活的争斗中，他成了一个筹码。最终，他领受了指示。1940 年 10 月 10 日夜晚，由马勒把他送到了雅典附近的飞机场，在那儿他上了一架德国飞机。几小时后，他吊在一个经过伪装的降落伞下面，向海法市外的一个葡萄园徐徐飘去。

法肯海姆还来不及站稳脚跟，就发现附近的道路上

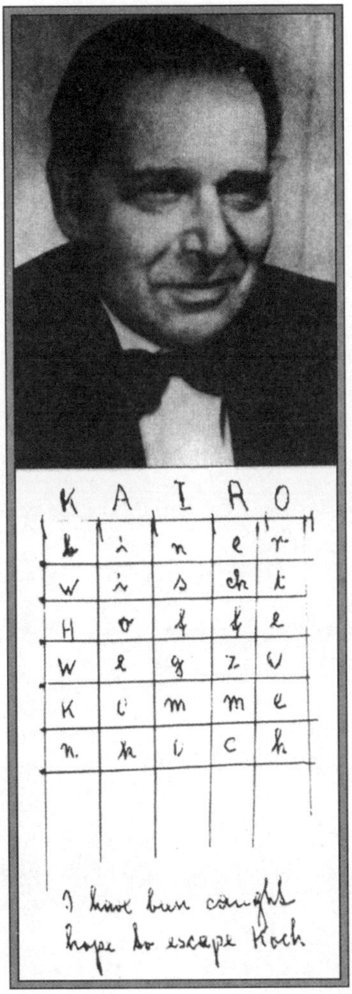

停满了卡车和汽车。军人们在相互叫喊着命令。远处还响着汽笛声。很显然，英国人很警惕，在到处寻找他。他们事先看到了他的降落伞啦？

事态要比想象的严重得多。英国人事先得到了情报，知道他到达的具体时间和地点——是为党卫队保安处服务的特务告诉他们的。党卫队保安处故意要让德国谍报局难堪，事先放出消息说乘降落伞的不是什么科克先生，而是一名著名的党卫队将军埃里克·科克。这么一位高级的纳粹将领来到巴勒斯坦只可能是为了协调一次大规模的破坏行动或者是领导一次阿拉伯人起义。英国人疯狂地想找到这位不速之客。

法肯海姆总算设法逃出了葡萄园，越过了英国人设置的路障，来到了公共汽车站。在那儿，他融入了早晨匆匆上班的人群里，乘上了公共汽车，不久就到达了海法的市中心。但是到处都有英国的军警在巡逻，他们正在检查每一个人的身份证。法肯海姆使出了最后的一招，他去了一个英军的指挥所，编造了一个故事，说他是从德国逃出来的犹太难民，昨晚他的船在海法的海滩上登陆。然而英国人一见他伪造的证件上的名字是保罗·科克，就逮捕了他。

负责审讯法肯海姆的英国反谍报官员中的一部分人认为他的确是如他自己供认的那样，只是一名低级的特务。但是另外一部分人却死抱住他是个党卫队将领的看法不放。法肯海姆给押到了开罗市外的一个军事监狱，在那儿受到了无情的审讯，还威胁要处决他。后来，他

的案子由军事法庭审讯，他最终没有遭到枪决或是被绞死的命运，全倚仗一位为他辩护的爱尔兰律师。这位律师直至最后一刻才在巴勒斯坦找到了一位年老的犹太妇女，这位妇女做证说她在德国时认识法肯海姆和他的父母亲。法肯海姆被宣布为无罪，但是作为敌国的臣民被关押起来。战争结束后，他存活了下来，如果他还是待在达豪的集中营的话，很可能是已经丧命了，后来他从事一个全新的职业——写间谍小说。

三名德国军事情报专家（最左边和坐着）在东线审问苏联战俘——这是关于苏联军队实力、位置和意图等情报的首要来源。

在东线，德国谍报局动用了大量的特务——他们中的大部分被派往离俄军战线只有几英里的后方。他们任务的性质完全是战术性的，向在当地作战的德国军队指挥官报告与他们对峙的俄军的实力与兵种。德国人在莫斯科和俄国的其他城市基本上没有什么间谍——这个谍报工作上出现的真空造成希特勒和德国最高指挥部一再

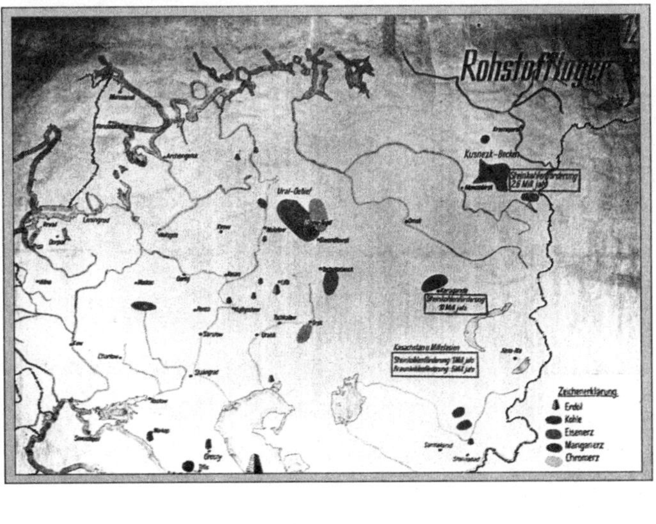

一张利用情报来源编辑的德国地图用鲜明的色彩精确显示了苏联的矿产资源：红色代表煤，黄色代表铬，绿色代表铁，蓝色代表锰。井架代表油田。

地低估红军的实力和决心。

毫无疑问，德国谍报局没能在苏联建立起间谍网的部分原因是因为要在这样一个国家里物色到特务人选是很困难的。但是这也反映了德国人根深蒂固的偏见。尽管德国谍报局的高级官员很少有人相信希特勒的种族理论，但是许多人抱有这样的偏见：斯拉夫民族是个劣等民族，不值得派特务去侦探。

根据代号为瓦利一号的计划，德国谍报局给德国国防军的每个军分配一个专门的特务小组，小组里有所谓的前线间谍或是称为跨越前线的人。而且实际上，这些间谍干的就是这个工作，跨越前线深入到俄国人占领的区域里，最远深入到十几英里处，一二天以后回来报告他们所目睹的军事行动。

间谍事先被告知他们要去地区的情况和他们要察看的东西。为了把他们顺利地送过前线，每个德国谍报局小组还配有“开闸门的人”，他们找到有利的地点把间谍送过前线去——这些地方没有战壕、铁丝网，也不存在其他的危险。

还有其他种类的特务，如深入间谍，深入到敌人后方 200 英里处侦察敌军的集结处及物资的运送情况。这些特务一般是用降落伞空投到敌人后方，待的时间要长些，用电台进行联络，经常靠能降落在敌人后方空旷地上的小飞机空运出去，条件是这些间谍要能出得去，因为以上两种间谍的死伤率特高。几百人被抓获，而且立即被处决。在 11 个月的时间里，德国谍报局的一个指挥机关派出大约 150 个小组，每个小组的人数从 3 至 10 人不等。只有两个小组的成员安全回来了。不过，有少数的间谍像是有神保护似的。有一位名叫索妮娅的女士，是一个俄国贵族的女儿，共 7 次用降落伞投到了敌人的后方，而且每一次都能安全返回。

德国人在苏联有个超级特务。这个遐迩闻名的特务潜伏得很深，别人只知道他叫马克斯，住在莫斯科，从他的报告来看，他可以出入苏联政府最高级的委员会。马克斯几乎每天都发报，报告的内容总是涉及一些有用的信息，偶尔也发出惊人的重大消息。比如 1942 年，他报告说苏联最高统帅部决定让德军向前挺进，以土地来换取时间。同年的晚些时候，他相当精确地报告了在克里姆林宫召开的军事会议上斯大林以及他的高级将领筹划冬季进攻的内容，这次进攻使 25 万德军葬身在斯大林格勒——希特勒忽视了这份报告，结果损失惨重。

这个马克斯到底是谁，他是如何工作的，这些一直是个谜。卡纳里斯只知道马克斯的报告是用电台发给一个名叫弗里茨 · 考德尔的维也纳人，由后者再转给德国谍报局总部。有人认为马克斯是给克里姆林宫最高层领导（包括斯大林本人）看病的医生。另外一些人认为他设法窃听到了克里姆林宫的电话，或者是他与日本的情报机构有联系，后者在莫斯科派遣有特务。持怀疑态度的人认为他是苏联的双重特务，发出一些混淆视听的消息。或许他是考德尔为自己的利益捏造出来的一个人物。事实真相可能永远无法得知。

从一个钟塔向外瞭望，两座有上百年历史的清真寺后面是战时的开罗，间谍活动的一块沃土。

一个被称作秃鹰的秘密计划

1942年的开罗是一个政治和种族熔炉，充满了阴谋、埃及民族主义以及激烈的反英国情绪。开罗也是"秃鹰行动"的中心舞台，这个行动是战争中最精彩也最危险的间谍事件之一。

这个大胆阴谋的核心是一个富有魅力和精通世故的花花公子约翰·伊普勒，他的外国背景令他非常适合这样一个角色。伊普勒1914年出生，同德国父母住在亚历山大。他父亲去世后，伊普勒的母亲嫁给一位富裕的亲英国埃及律师萨利赫·加法，他收养了伊普勒，将他培养成一个穆斯林，并为他改名叫侯赛因·加法。

伊普勒的德国血统、他对阿拉伯语言和风俗的了解以及他继父为他提供的昂贵教育使他几乎成为一名间谍的完美候选人。1938年纳粹招募人员找到他，伊普勒信奉他的德国传统并开始了间谍生涯，在执行"秃鹰行动"前他还在土耳其、黎巴嫩、伊拉克和阿富汗进行间谍活动。

1942年春天，隆美尔正准备进攻埃及，他急需一名特务进入埃及刺探英军的实力、士气和防御计划。伊普勒是一个最好不过的选择，但是他怎么进入开罗呢？尼罗河口的亚历山大是一个谜样的港口，从尼罗河上潜入似乎太冒险了。另一种选择——空投也是太冒险。横穿沙漠从陆路潜入被认为是最稳妥的选择。1943年5月，伊普勒和一小队德国突击队员从西撒哈拉沙漠的一处遥远的绿洲出发，向开罗前进——要穿过1000英里人迹罕至的沙漠。

1918年，4岁的约翰·伊普勒和他的母亲在亚历山大他们家别墅的花园里同苏丹僮仆们合影。后来，伊普勒轻浮、放纵的花花公子的名声成为他进行间谍活动很好的掩护身份。

1939年，伊普勒穿着阿拉伯人服饰在阿富汗执行一项间谍任务。伊普勒，像一只善变的蜥蜴，能够按要求执行无论多么神秘的冒险任务。

热闹开罗的钩心斗角

经过三周的艰难跋涉后，伊普勒小组到达尼罗河附近他们的目的地。这位间谍，装扮成一个无依无靠的英国军官，由他的无线电操作员，一个

在出发前往开罗的艰苦沙漠之行前，无线电操作员皮特·蒙卡斯特（左）同伊普勒在一起休息。蒙卡斯特携带一个德国特务在美国搞到的美国护照。

康特·兰狄斯劳斯·德·奥马斯泽，一位出生于匈牙利的探险家和西撒哈拉沙漠研究专家，担任伊普勒小组的向导。他站在英军防线附近一个用两种语言书写的标志牌下。

来自东非名叫皮特·蒙卡斯特的德国人陪同，皮特假装成一个美国朋友。这两个人继续步行到一个英军哨所，在那里他们得到杜松子香槟酒和午餐，并搭乘上一列送他们去开罗的火车。向隆美尔发出一个信号表示他们已安全抵达后，得到德国情报机构大量金钱资助的伊普勒和蒙卡斯特在尼罗河的一个船屋上建立了总部，并且开始经商，旨在伪装成两个出没于闹市区的阔绰而放荡的年轻人。

希尔顿饭店的楼顶平台上坐了很多各国顾客，包括许多英国军官。这个酒吧，伊普勒到达开罗后的第一站，是许多间谍每夜光顾收集情报的地点之一。

海克迈特经常在开罗的一个夜总会里进行她的交易。甚至情场老手伊普勒也抵御不了她的诱惑力。“她当然是一个可怕的妓女，”他写道，“能够征服任何一个男人。”

海克迈特·法赫米招待一个英军上尉和他的新西兰朋友。类似这样的夜晚经常在她的船屋上结束——紧挨伊普勒的船屋——在船屋上她可以顺利地从愚蠢而又不警惕的军官那里套出情报。

一个舞女的致命诱惑

伊普勒在开罗的所有联系人中，没有人比充满诱惑力的舞女海克迈特·法赫米更出色，她是刺探英国秘密情报的专家。“一个刚同你做完爱的英国人，”她曾经对一个审判员说，“不仅仅是相信你——他总是不停地讲话。”

那些管不住自己嘴巴的英国人当中有一个是负责向沙漠英军总部发送重要文件的少校。但是，在离开前去执行他的任务之前，他最后约会了一次海克迈特。在他愚蠢地透露了此次沙漠之行的目的后，海克迈特给他喝了一杯下药的鸡尾酒并把公文包交给了伊普勒。标有“绝密”的文件内容是为抵抗隆美尔预期可能发动的攻势，英军每支部队保卫开罗的具体防御计划。这正是伊普勒到达开罗几个星期以来一直在寻找的情报。胜利似乎仅仅就是立刻发送一个无线电报。

尼罗河上船屋的灭亡

伊普勒的使命以失败告终。由于无线电故障，他们的电文没有送达隆美尔，伊普勒和蒙卡斯特在船屋里喝得酩酊大醉。根据一位告密者的告发，在A．W．桑森少校的带领下，英军当局向船屋发动袭击，并不费一枪一弹抓住这两个人。令德国人处境更糟的是，桑森的人员破获了伊普勒的密码，并利用密码向隆美尔发送了错误的情报。这次欺骗行动据说是隆美尔在阿拉曼战役失败的一个重要因素。

伊普勒和蒙卡斯特，居住在开罗扎马莱克高等住宅区的一座船屋上（上），非常受周围邻居的欢迎——包括一名不知情的英军少校，他帮助他们为隐藏的无线电发报机安装了一个高功率的天线。

A.W.桑森少校（10页图）能说阿拉伯语的所有方言，他的特务遍布开罗。他和伊普勒——相互不了解对方的身份——曾经在歌舞俱乐部共享过一瓶香槟酒。

皮特·蒙卡斯特在开罗战俘营里摆出一个游览的姿势。他在等待审讯时割破了自己的喉咙，但是被传令兵抢救，紧急送往一所医院。同伊普勒一样，战后他被释放了。

英俊整洁的约翰·伊普勒，被他继父有影响的英国朋友从行刑队手里救出来，看上去在战俘营里过得非常舒适。战后，他移居欧洲并成为一个百万富翁。

密切关注敌人

1930 年，一个名叫西奥多·罗威尔的年轻德国飞行员独自一人驾驶一架飞机，使用一种高性能的新式相机拍下了德国边界附近波兰防御工事的高空照片。当他向德国情报官员展示这些不同寻常的高清晰照片时，他的航空侦察的生涯也就此开始了。

从开始只有一架容克 W 34 飞机（1929 年这种飞机创下飞行高度 41800 英尺的世界纪录），到后来罗威尔指挥一个团 300 名一流飞行员，动用大约 50 架特种高空飞机以及一些当时世界上最复杂的航空摄像设备。1934 年至 1943 年，罗威尔的德国空军侦察精英部队拍摄了几百万张秘密照片，用他的话说包括了英国“林肯郡和朴茨茅斯之间的每一片草地”的照片，以及几乎所有两个战区至关重要的战略要地的照片。

罗威尔的飞行员们能够爬高超过敌人战斗机的升限以及防空炮火的最大射程，这使他们最终能够毫无危险地工作。观察敌人的飞机在几英里下面盘旋“就像向下看一个鱼缸，”德国飞行员希格弗里德·克尼梅尔回忆，“看着那些鱼游动。”

西奥多·罗威尔上校，第一次世界大战时的一名侦察飞行员，开始时作为一名平民为谍报局执行高空间谍侦察任务。1939 年，他的一架飞机在大约 25000 英尺高空拍下一张列宁格勒和涅瓦河的照片。

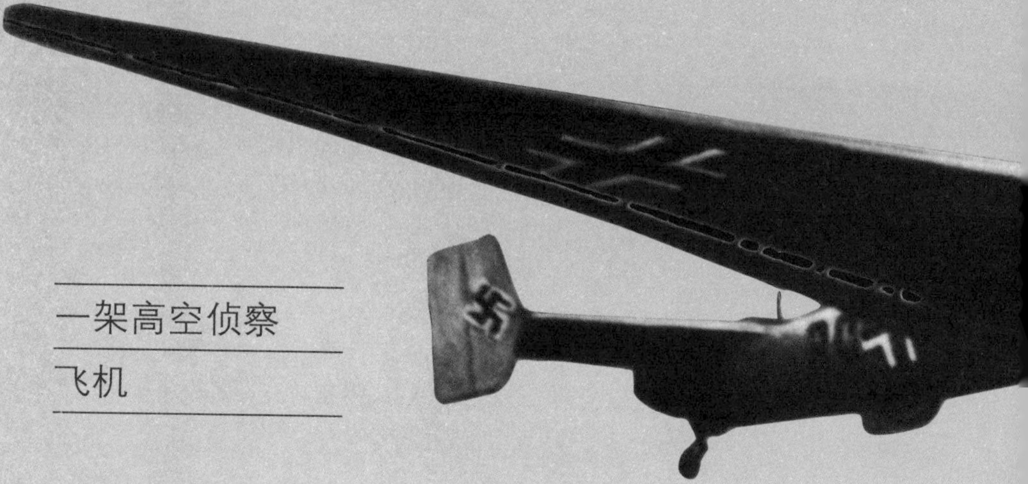

一架高空侦察飞机

尽管罗威尔上校的中队飞过各式各样的飞机，但是最有效的还是经过特殊改装的容克 86 P 飞机。以一种容克 86 老式轰炸机和运输机的飞机机架为基础进行改装，这种双引擎、低机翼的单翼飞机最大升限 42000 英尺，飞行范围 1600 英里。机组人员和照相机都在飞机前端的一个加热密封“蛋”里。

容克 86 P 飞机经常携带的相机是蔡斯 R B 30 型相机，这种相机大约高三英尺，带上所有的附件和一整卷胶卷（近 200 英尺）重 160 多磅。这种相机的望远镜镜头功能强大，能够在一个安全的高度拍下清晰详细的照片。

在战争开始的头几年，罗威尔的容克 86 P 飞机实际上是不可捕捉的。直到 1942 年 8 月盟军才成功击落一架这样的飞机。但是到了 1944 年，这种现象改变了。盟军战斗机的飞行高度大大提高，使这种飞行速度慢、没有还击能力的飞机变得更加脆弱。

这架容克 86 R 是容 86 P 的改进型，只是许多为德国空军制造的飞机中的一架。拥有注入一氧化二氮的引擎，翼展 104 英尺，容 86 R 能够飞到 47250 英尺的高空。

一个容克 86 P 的侦察机组人员同德国情报官员（穿便衣者）仔细核对即将执行任务的细节。背景是一架等待出发的 H 116，另一种经常用于执行间谍任务的飞机。

一名机组人员从左舷洞进入容克 86 P，这个舷洞在起飞前要密封起来以便在最大高度维持舱内的压力。这是第一架拥有密封舱的容克 86 P 军用飞机。

这架蔡斯 R B30 相机配备了一个 75 厘米(29.5英寸)望远镜镜头，能够清晰地拍摄地面详图且分辨率达到7英里。

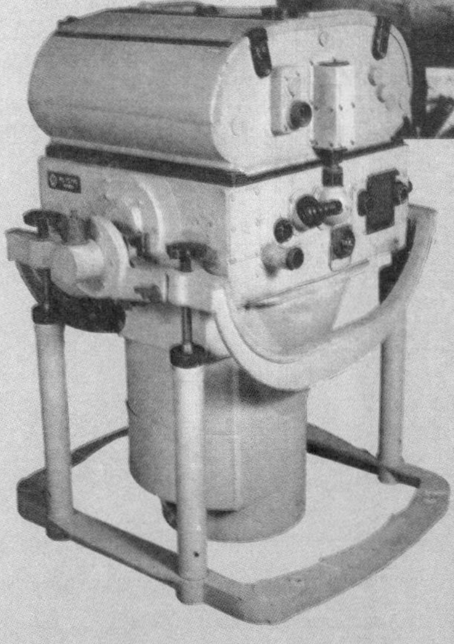

容克 86 P－2 机腹下的拍摄舷窗排成一列用来拍摄地面目标的重叠照片。

一张直布罗陀的航空照片

1940年，希特勒开始阴谋策划占领西地中海的直布罗陀，这个半岛要塞为了防止渗透守卫得非常严密，因此空中侦察是入侵前情报的最好来源。这个计划最终放弃了，但通过高空侦察拍摄了一张战略要塞的详图。

在波兰和法国的闪电战中，为了对付遇到的不断变化的战场局势——以及预期在直布罗陀所发生的情况——德国学会了迅速从侦察照片里提炼出情报。不像英国人，英国人等着曝光的胶卷冲洗出来，而德国空军的照片读判人员学会从探视屏的底片上做出他们第一手的分析。然后再制成相片，情报官员们仔细研究这些照片利用更多的细节分析照片的内容。

一名德国照片解读人员正研读还在胶卷盒里的湿底片，以便尽可能快地得到有价值的情报。

这张直布罗陀的侦察照片显示直布罗陀的南部突出地带和直布罗陀港。照片研判人员标的箭头指示盟军战舰的位置。

为了节约宝贵的时间，这些北非的德国照片技术人员在户外冲洗照片，利用沙漠的阳光晒干转轮上的胶卷。每个底片有一平方英尺。

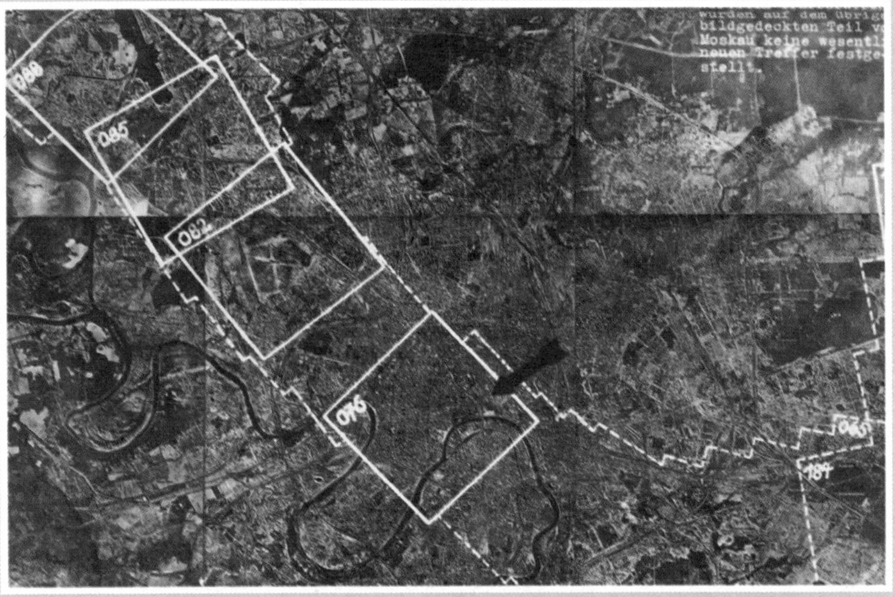

这是德国空军拍摄的莫斯科及其外围图，076方框的箭头指示是克里姆林宫。虚线表示没有聚焦的照片。

1941年德国照片解读人员（下）在希腊工作，将一幅幅照片拼成一个镶嵌图，轰炸机机组人员将利用这幅图辨认目标。

德国空军情报官员研究一个灯箱里的航空照片底片，以确认潜在的轰炸目标，比如敌人的防御工事和供给仓库。

精密和大胆的任务

战争继续进行，为德国空军工作的照片解读人员开始把长期计划必需的航空照片图纸和镶嵌图放在一起。为这种航空照片解读挑选材料几乎要求罗威尔的飞行员具有超人的技能。

由于这种长焦距相机固有的狭窄视野，机翼的轻微摇晃或者偏离航向一分都意味着这次任务的失败。照片解读人员需要两个连续的照片之间有60%的重叠，这样才能制出精确的地图和镶嵌图。如果飞机不是水平飞行，那么重叠部分就会低于10%或者增加到90%。另外，飞行员必须考虑到太阳的角度和接近目标的线路——并且还要保护自己和机组人员以防敌人的攻击。因为他们必须达到如此不一般的严格要求，所以驾驶侦察机的飞行员被认为是战争期间最优秀的飞行员。

这幅照片上德国人的标记表示盟军在伊朗一处海滩贮存的物资（右上），等待用船穿过里海运往苏联。

一张清晰的轰炸效果照片

也许绝大多数最危险的航空侦察任务都是评估德国空军轰炸的摧毁效果。不能期望轰炸机机组人员评估他们的轰炸的效果——或者甚至判断他们的炸弹是否击中目标。所以这项任务就交给侦察机飞行员，他们跟在轰炸机后面并获得关键性的情报。为了得到弹坑、炸毁的建筑物、倒塌桥梁以及其他破坏的准确照片，飞行员不得不飞得比平常要低得多。这使他们非常容易被盟军的战斗机和地面的防空炮火击中。更危险的还有，盟军的防御者们发现轰炸过后评估飞机紧跟着会来，他们就会做好充分准备拦截这些德国间谍飞机。

在一次拍摄轰炸效果的飞行中，一名德国空军摄像人员透过一个取景器观察，他的飞行员警惕注视外面的防空炮火。

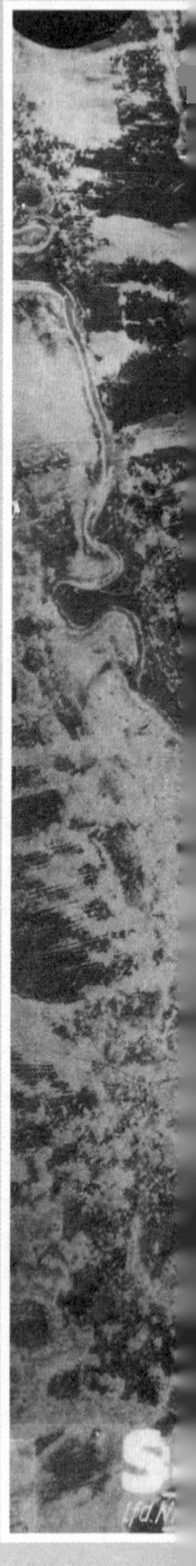

这张照片的圆圈标记表示德国空军轰炸苏联一个城市附近铁路线的毁坏情况。

Kakarewo
5 Km Luftl.
= Große Sprengung
= Kleine
688143
232
13.3.43
Sprengst. Bahnl. 5Km N Wjasma
Karte 1: 300.000 Bl. X56 / Planquadrat 35 Ost 46722
SU S.R.3-166
M etwa 1: 14 000
Höhe 7000 m
105

Vergrößerung Nr 3/44
Bildstelle X
35/17
35/16
35/18
35/19
35/15
35/13
35/14
35/12
35/11
35/10
35/9
35/8
35/7
35/6
35/5
35/4
35/3
35/2
35/1
35/20
35/21
35/22
35/23
35/24
35/25
35/26
35/44
32/12
5a
17a
29
A

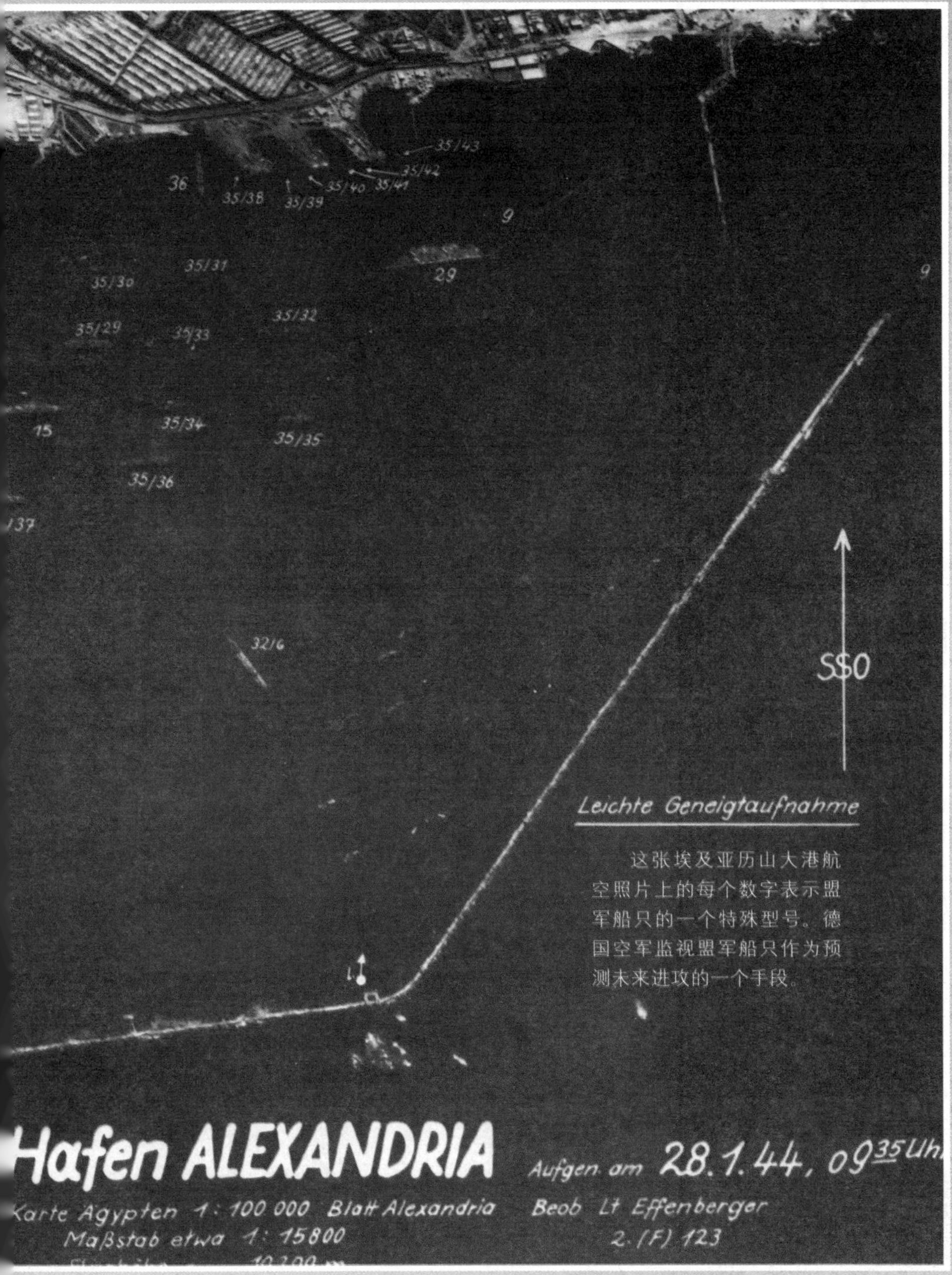

这张埃及亚历山大港航空照片上的每个数字表示盟军船只的一个特殊型号。德国空军监视盟军船只作为预测未来进攻的一个手段。

pst

3. 反间谍战

1939年9月初，战争才开始不久，一位名叫弗朗兹·费希尔的德国移民找到了英国在荷兰的两名重要特务。费希尔说，一部分德国将领组成了一个企图推翻希特勒的阴谋团体，英国人有没有兴趣见一下这个阴谋团体的代表？两名英国特务回答说他们十分乐意。两名特务中级别较高是R．亨利·史蒂文斯少校，他是英国驻海牙护照控制办公室的工作人员，英国秘密情报组织MI–6在德国境内建立起的情报网络由他负责。S．佩恩·贝斯特上尉是他的同事，此人长期居住在荷兰，开办了一家进出口公司，作为他从事情报工作的掩护。史蒂文斯和贝斯特已经听说德国最高统帅部里存在着严重的不满情绪。他们希望通过费希尔与这帮谋反者取得联系，进而协助他们发动政变推翻希特勒。

在一张敦促德国居民保持沉默的墙壁张贴画上竖立着一个敌方特工的可怕身影——警告的背后是无所不在的警察监视网络和严密的边境控制措施。

这两位英国人所不清楚的是，费希尔本人就是一名间谍——他是德国安全机关党卫队保安处的F479号特工人员。他俩要见的那位官员是一名叫谢梅尔的上尉，此人也是个间谍——真名实姓是沃尔特·谢莱恩伯格少校，年轻有为，现任盖世太保反间谍处处长，仕途正处于飞黄腾达时期。整件事是德国人玩弄的奸计，想要从英国人的口中得知他们对德国军人企图推翻最高统帅的阴谋到底掌握什么具体材料。

谢莱恩伯格为了尽量把这场戏演得逼真，全身心地投入到演好他借用了名字的那个人的角色。他搬到杜塞尔多夫去居住，真正的谢梅尔就驻扎在该地，受武装部队最高统帅部委派去那儿当运输官员。谢莱恩伯格观察谢梅尔的一言一行，他的外表，以及研究有关他的背景的详细报告。10 月 21 日，谢莱恩伯格觉得自己伪装得已是天衣无缝，就驾车去荷兰与两名英国特务进行第一次会晤。他很快就赢得了英国人的信任，而且很恳切地对他俩说，德国将军们需要得到承诺：伦敦对他们策划的纳粹后政权要公平相待。

他们第二次会晤时，谢莱恩伯格带来了一位比他年长的人，此人他介绍说是豪斯曼上尉——“是反对派领袖的得力助手。”事实上，豪斯曼是他的老朋友马克斯 · 德 · 克林尼斯，柏林大学的一位心理学家，他风度翩翩，聪明绝顶，又很有涵养——作为将军的副官真是太令人信服了。四人在贝斯特海牙的家中用餐，谈论音乐、绘画，品尝着美味的牡蛎，谢莱恩伯格描写说这些牡蛎是他迄今为止所品尝过最为鲜美的。第二天上午，在贝斯特作为掩护的大陆贸易公司里，英国人十分殷勤地送给谢莱恩伯格一台无线电发报机和一组密码，以利于这个德国人跟他们进行联络。

会谈飞速地进展着。至 11 月初，谢莱恩伯格已经与英国人做好了初步安排，与一位谋反者的代表一起飞往伦敦。他已经选中了一位德国的工商业家，此人是个忠心耿耿的纳粹分子，由他来扮演谋反将军们的头头。谢莱恩伯格打算下次会面时把他介绍给贝斯特和史蒂文斯，下一次会面定于 11 月 9 日在荷兰边境小镇芬洛的一家咖啡厅进行。

然而，在会晤的前一个晚上，谢莱恩伯格的计划起了个意想不到的转折。临近半夜，党卫队以及帝国安全机构 RSHA 的头目海因里希 · 希姆莱气冲冲地打来电话，告诉他希特勒在慕尼黑差一点遭谋杀。元首做了个演说，纪念 1923 年啤酒馆叛乱，希特勒离开做报告的大厅还不到几分钟，放置在讲台后面的一枚炸弹就爆炸了，炸死了七人。“毫无疑问，这次谋杀事件是受英国间谍机关指使的，”希姆莱咆哮道。“你明天会晤时一见到英国间谍，立即把他们逮捕，带回德国来。”

第二天下午，贝斯特和史蒂文斯到达芬洛进行会晤时，边境对面有三辆盖世太保的小汽车停在那里，引擎在空转着。当载着两名英国特工人员的别克牌汽车驶近谢莱恩伯格在里面呷咖啡的咖啡厅时，其中一辆盖世太保的小汽车立即开动起来。这辆德国汽车冲过边境上设置的障碍物，直向别克车冲去，车里的人扫射着机关枪不让边境哨兵有反击的余地。党卫队党徒把两名英国特工人员从车里拉出来就“像提出两包稻草似的”，谢莱恩伯格饶有兴趣地报道说，给他们上了手铐，把他们掷进一辆敞篷车里。接着德国人沿着街道倒开着车逃窜到边境的另一头，轮胎擦着路面吱吱直响。

发生在芬洛的戏剧性事件标志着德国战时反间谍活动的开始，尽管它没有达到获取情报的目的，还是给第三帝国带来了巨大的好处。首先，这一事件把英国两名重要的特工人员投进了监狱（他俩在监狱里度过了战争时期），使英国在德国内部的情报网陷于瘫痪状态。其次，这一事件给希特勒提供了一只现成的替罪羊，把谋杀的阴谋加在做名英国人身上。（真正的凶手是个做柜子的德国人，此人很快被抓获并关进监狱。）事实上，希特勒6个月后就把芬洛事件作为入侵荷兰的借口。他声称荷兰人早已损害它中立国的立场，允许英国间谍在它的领土上活动。

德国的反间谍机构在芬洛取得良好的开端后，继而发展成德国所有情报活动中最有成效的一个部门。只要一想到第三帝国神圣的领土上竟然还存在有间谍和叛徒，就让希特勒怒发冲冠，而且他也决心把他们从被占领的国家里赶尽杀绝。为了达到这个目的，德国人真是不遗余力，从打入间谍网和抵抗运动组织到像谢莱恩伯格在荷兰那样挖空心思地演戏。然而，反间谍活动也因为各情报机构之间的争权夺利而受挫，这是纳粹政府的一个通病。在情报领域里，竞争的对手是最高统帅部的德国谍报局——它下属的IIIF反间谍处——和半政治性的各个部，它们都隶属于希姆莱的帝国中央安全办公

· 位于荷兰小镇芬洛的这家小旅馆离德国边境不远，1939年，英国MI-6特工R．亨利·史蒂文斯（右）和S．佩恩·贝斯特在这里被绑架。他们被盖世太保秘密地带到德国，在集中营里度过了战争年代。

室（RSHA）；这些部门包括党卫队保安处（SD）、保安警察（SIPO）及盖世太保（或称作秘密国家警察）。另外，多个组织进行重复的工作——有时是相互冲突的工作——包括监听敌人，窃听电话，截取无线电信号以及破译密码以达到发现敌人作战计划和间谍活动计划的目的，往往把已经混浊的水搅得更混。

除了各国本地的抵抗运动，德国人的主要敌人是英国新建立起的一个秘密机构，称作特别行动执行委员会（SOE），这个委员会是于1940年建立的，主要是在敌后开展秘密斗争。特别行动执行委员会在今后的四年中，仅向法国占领区派出的特务就达近400名。德国人的一个主要目标是破坏或是粉碎特别行动执行委员会建立起的特务网络。

德国谍报局驻法国最为有名的特务雨果·布莱彻中士把反间谍定义为“发现并利用敌人秘密活动的艺术”。换句话说，他的工作，他写道，就是“要发现敌人的间谍活动，但不要揭露它”。布莱彻40多岁，先前在汉堡一家出口公司工作，长着一张一本正经的脸，戴着一副玳瑁边眼镜，活像一只猫头鹰。他说一口流利的法语，与敌人的间谍网接触时，把自己介绍成是“让先生”。他还交了个法国女友帮助他了解法国人，正如他所写的，他的女友是他“了解法国人心理的向导”。

布莱彻有一套对付女人的手段，他处理的第一个主要案子，就是通过这种手段获得成功的。1941年秋，

这位戴着贝雷帽、喜欢化名“让先生”、充满自信的特工是德国谍报局的雨果·布莱彻，他在法国建立了数不清的间谍网，干扰英国情报部门的活动。

德国谍报局打入一个称为同盟圈的间谍组织，不少的间谍遭到逮捕。布莱彻被派遣去审讯其中一个被捕间谍马蒂尔德·卡里，一个十分有魅力的法国女人，她的同事都称她为猫。布莱彻在巴黎最为豪华的一家旅馆里找了个私人套间，请她享用一顿丰盛的晚餐，通过这样的手段对她进行审讯。当天晚上，猫不仅成了他的情人，还成了个双重特务，她表面上仍效忠于英国的特务组织，实际上为德国服务。

按照布莱彻的命令，猫与一个名叫皮埃尔·德·沃姆考特的人取得了联系，此人是法国抵抗运动的组织人，他与伦敦失去了电台联络。猫说服沃姆考特相信她能重新建立起通讯联系，沃姆考特随即把给特别行动执行委员会的情报给了猫，猫又把这情报交给了布莱彻。最终，沃姆考特起了疑心并质问猫，猫经受不住考问向他承认了与布莱彻同流合污的事。沃姆考特利用猫的痛苦矛盾心理，对她进行了说服教育工作。猫又一次转变了立场，成了三重特务。猫按照沃姆考特的要求，向她的情人灌输假情报，接着又使出了最毒的一招。她说服了布莱彻，让他相信她要是到伦敦工作的话，可以发挥巨大的潜在作用，结果布莱彻伪装成同盟国的一个老电台操作员，劝说特别行动执行委员会提供运输工具让猫越过海峡去英国。1942 年 2 月 26 日，猫和沃姆考特最终乘上英国的鱼雷快艇逃离法国。

然而，笑到最后的还是布莱彻。几星期后，沃姆考特跳伞回法国时，遭布莱彻逮捕，因而有一段时间，英国在法国占领区里没有一个有组织的特务网。至于猫，因为她与现在被她所鄙弃的德国间谍曾有过一段寻欢作乐和狼狈为奸的生活，因而她被投进英国的监狱，在那里度过了战争时期。

布莱彻继续取得其他重大的胜利，但也有过不安的时刻——他得罪了德国谍报局头号对手党卫队保安处里的人。1943 年初，布莱彻装扮成德国情报系统里持不同政见的海因里奇上校，打入了由英国人领导的抵抗运动组织。就像谢莱恩伯格在芬洛玩的把戏一样，布莱彻甚至主动提出要去伦敦共商推翻希特勒的阴谋。这场骗局让英国人完全上了当，也差一点让布莱彻本人遭殃。当一名英国间谍被党卫队保安处在马赛逮捕时，此人身上带有一份书面报告，这份报告对那个持不同政见的德国上校充满了溢美之词。党卫队保安处对此事一点都不觉得好玩，事实上真的怀疑布莱彻投诚了敌人。布莱彻中士急忙解释才消除了怀疑。

布莱彻玩弄的伎俩导致英国两名重要特务被捕：他

们是彼得·丘吉尔，布莱彻起先认为此人是英国首相的侄子，以及奥德特·桑塞姆，是个法国女子，她的工作后来赢得英国和法国政府颁发的高级勋章。但是党卫队保安处一旦起了疑心就既不会轻易忘却，也不会轻易放过。海因里奇事件，加上布莱彻太露骨的野心引起德国谍报局里众多上司的反感，这些理由可以解释为什么布莱彻一直是个中士，而没有得到提升。

党卫队保安处驻法国的反间谍头子是卡尔·贝姆尔伯格，他是个脾气暴躁的老职业间谍，不可能对布莱彻这样的人怀有好感。贝姆尔伯格快60岁了，是党卫队里的老资格人员了，他十分干练，但是嗜酒如命，自打1933年以来他一直在为帝国清除持不同政见分子、间谍及其他的威胁。他对共产党人和犹太人恨之入骨，在他巴黎总部的花园里筑起了一个打靶场，用苏联领导和法国共产党人的画像和犹太人的漫画作为靶子。然后他会喝个烂醉，举起手枪疯狂地射击，他的狗——取名为约瑟夫——在一旁疯狂地吠叫。

在由贝姆尔伯格操纵的一帮告密者和雇用的特务中，有一个人显得尤为突出。此人是个了不起的双重特务，名叫亨利·德里考特。德里考特是个法国人，三十四五岁，战争爆发前10年里是个民航飞行员，有时驾驶邮件飞机，有时驾驶民航飞机，而且还养成了一种冒险精神。他试飞新型飞机，有一段时间还加入了一个在机翼上行走的空中杂技团。他也参与些情报工作。

从专门用于探测非法电台的菲斯勒鹳飞机机翼处拍到的巴黎蒙玛特区全景。波兰情报官员罗曼·加比－捷尼亚夫斯基（左）就住在这个区，在1941年遭到一位被捕特工的出卖之前，他一直是同盟国间谍网的负责人。化名拉夏特的马蒂尔德·卡里（右）也同时落网被捕。

早在1936年，他驾驶装载着二局——法国情报机构——人员的飞机飞越德国的边境执行拍摄照片的任务。法国沦陷后，美国情报机构雇用了他，让他报告他偶尔飞往法属北非时所见到的有关德国飞机和防御的情况。如果说德里考特的冒险意识驱使他去当特务，那么不久他就发觉他完全具备当特务的天赋：个人魅力、十足的自信以及足智多谋。

接近1942年年底，英国的特别行动执行委员会招募了德里考特，在英国把他训练成一个地面联络官，管理着飞机——莱桑德及赫德森——的来来往往，这两种飞机把特务运进或是运出法国的北部。1943年1月，英国人把德里考特用降落伞投回到法国，但是他还没有开展工作，就先与他的相识卡尔·贝姆尔伯格联络上。德里考特早在1938年在巴黎就与贝姆尔伯格相识，当时这个德国人是个隐藏的特务分子。现在德里考特作为一个刚受过训、代号为吉尔伯特的英国间谍，主动提出要为贝姆尔伯格服务——为了金钱，也为了向共产主义宣战，据他自己声称。

不管德里考特的动机是什么，贝姆尔伯格很乐意接纳他，从此他俩成为隐蔽战争中成果最为丰硕的搭档。德里考特的代号为BOE/48——贝姆尔伯格的第48个特务，他源源不绝地向他的党卫队保安处上司提供情报。每架飞机到达前他都通知贝姆尔伯格，德国人会等候在那儿——并不是为了捉拿间谍，而是拉开一定的距离跟踪他们。这些监视小组是由法国的罪犯和堕落的前警察分子组成的。他们的任务是跟踪间谍的行动以及发现他们与什么人接头，以便对英国在法国北部的间谍活动有个全面的了解。德里考特对德国人的这种全面了解做出自己的贡献，他把以后几个月内经过他手的共 100 多名间谍的情况都一一提供给德国人。

德里考特还从事另一项工作，这项工作的作用是无法估量的。每次飞行前几天，他把特别行动执行委员会的间谍托付他带出去的一袋情报交给贝姆尔伯格。后者把所有的信件、破坏计划及其他重要情报拍下照存入党卫队保安处的档案，24 小时后把这些东西退回给德里考特。贝姆尔伯格对英国在法国北部新建的代号为兴旺的间谍网尤为感兴趣。他迅速做出结论，认为这个间谍网的任务是协助盟国最终在法国登陆。贝姆尔伯格故意让兴旺发展成特别行动执行委员会在欧洲最大的特务网络，总共有 1000 多名英国与法国间谍。他十分肯定，通过德里考特，兴旺能向他提供最为珍贵的消息：盟军登陆的日子。至 1943 年 6 月，贝姆尔伯格给柏林有关兴旺和 BOE/48 号间谍的报告已经引起了希特勒的注意。只要德里考特能搞到那个神奇的日期，那么他俩的前途将是无量的。

然而这时，党卫队保安处在德国谍报局里的众多竞争对手嫉妒贝姆尔伯格日益上升的威望，设法搞倒他的双重特务。从荷兰来的两名德国谍报局特务分子企图用

战前相对平静的日子里，飞行员亨利·德里考特（右）站在邮件飞机旁与无线电技师聊天。德里考特成功地运用个人魅力和飞行技巧，同时为英国和德国情报部门工作。

黑市上的钻石引诱德里考特上钩。这一招失败后，雨果·布莱彻中士使出了令人震惊的一手，向英国人出卖德里考特。通过特别行动执行委员会另一个特务网络里的一名告密者，布莱彻安排了一次与兴旺领导人的会晤。然后，布莱彻充当成海因里奇上校（一个他十分乐意充当的角色），一个不忠的德国情报军官，大肆谴责德里考特是出卖盟国事业的叛徒。然而，更令人难以置信的是，英国人竟然拒绝相信他的谴责，对德里考特没有采取任何行动。

德国谍报局的行动激怒了贝姆尔伯格，此外他一心想搞到登陆的日期，于是最终向兴旺采取了行动。间谍网的头头弗朗西斯·萨蒂尔于6月24日被捕；至7月底，党卫队保安处已经捉获了10多个英国间谍，以及为这个网络工作的成百上千个法国的男男女女。萨蒂尔在BOE/48号提供的铁证如山的证据面前，不得不供出了进攻法国的日期——但并不是正确日期，尽管对此他一无所知。他交代说，盟军将于9月份的第一个星期内登陆，尽管这个供认的日期距离实际登陆日期还有10个月的时间。因而，萨蒂尔无意中成为英国代号为帽章行动大骗局的工具。帽章行动旨在让德国人相信盟军马上要入侵法国，因而把德军困在西欧，让东部战得精疲力竭的苏军得到喘息的机会。

贝姆尔伯格上了当，可是希特勒却得出全然不同的推理。最高统帅坚信兴旺在盟国的计划里起着如此重要的作用，它的被摧毁一定会迫使美国人和英国人改期进行入侵。当9月平安地来临又过去时，贝姆尔伯格被解除了在巴黎的职务，派往维希去领导当地党卫队保安处的分部。他的柏林上司赞同他的副手约瑟夫·基弗采用的方式，基弗把精力集中在捕捉对方的特务上，而不是费尽心机在智力上胜过敌人。“我的心肠不够硬。”在巴黎城郊他的别墅里举行的告别宴会上，他对德里考特如是说。

4个月后，德里考特也离开了巴黎。1944年2月8日晚，他与妻子珍诺特乘机飞往伦敦以前，德里考特又一次与贝姆尔伯格进行会面，后者交给他200万法郎——德里考特用这笔钱可以去买他垂涎已久的那块乡

党卫队保安处驻法国反间谍头目卡尔·贝姆尔伯格（右）在巴黎的一家路边咖啡馆里与下属和法国同事会面。

间地产，而且还有剩余。英国人对这位法国人接受这笔钱一无所知，但他们有足够的理由，包括布莱彻的告发，怀疑德里考特出卖为兴旺服务的间谍。然而，德里考特一贯就遇事不惊，这次也不例外，凭他三寸不烂之舌又摆脱了干系，而且还被提名——最终并没有授予——授予优异服务勋章(DSO)，这种勋章是英国最高荣誉之一。

德里考特总是那么干劲十足，不久又参加自由法国情报组织，当上一名飞行员，而且差一点丧了命，当他的飞机在法国进行低空侦察时，飞行坠落到地面。有一件令人感兴趣的事，就是他也许完全应该得到优异服务勋章。后来有事实表明，他一直是个三重特务，受雇于另一个情报机构 MI–6，他假装与德国人合作是为了在盟国玩弄的重大骗局帽章行动中充当重要的角色。

不管这些复杂的阴谋诡计的真相是什么，当盟军于1944年6月在诺曼底海滩上登陆时，出现了一个明显的可悲情景。当抵抗运动组织到处起义协助解放者时，最薄弱的环节产生在法国的北部，那儿由于贝姆尔伯格和德里考特之间搞的令人不解的勾当，将近1000名男男女女在监狱里苟延残喘。

德国反间谍部门从事渗透与反渗透工作，主要用的手段是无线电游戏，或称为无线电反馈游戏。游戏的宗旨是与同盟国建立无线电联系，而且要让盟国相信这种联系来自它们自己的间谍。玩无线电游戏必要的前提是要缴获发报机，在多数情况下，还需得到发报机操作员的合作。具备了这些条件，德国人可以着手向盟国灌输误导的信息，以便了解敌方的行动和打算。

二战中玩得最为成功的无线电游戏是在被占领的荷兰展开的，游戏的代号是北极行动。负责人是赫尔曼·吉斯克斯少校，此人45岁左右，曾经从过商，是个天生干反间谍的料。法国沦陷后，他在巴黎的出色表现引起了德国谍报局头目卡纳里斯海军上将的注意，1941年夏季，卡纳里斯把他派往海牙。事实证明吉斯克斯是个技术高超、善解人意的审讯者，正如一位被抓获的敌方间谍吃惊地所说的那样，他“很显然具有幽默感”。

北极行动始于1942年3月6日，这天，德国人对海牙的一座公寓房进行突击搜查，缴获了英国特别行动执行委员会的一台无线电发报机，抓获荷兰出生的操作员休伯特·劳沃斯。吉斯克斯对他进行友善的规劝，结果劳沃斯同意再发一份报来换取对他所躲藏家庭的从宽处理。这个英国间谍认为他在伦敦的上司会立即意识到他已落入德国人手中。他给的暗示是在报文中省去了安全检查内容：这是事先约定好的信号，所有正常的发报都得使用，目的是告诉伦敦，发报员安然无恙。安全检查内容包括同一类型的错误重复地出现——劳沃斯所采用的是在加密的电文里每第 16 个字母上就出现一个拼写错误。

劳沃斯遭逮捕 6 天后发出去的报文并没有得到他原本打算起到的效果。伦敦完全忽视了他有意省去安全检查内容这一事实，而且也无视他在后来的报文中发出的严重警告：两个字母组合 CAU 和 GHT （合成一个词 caught，意为捉住）。他的特别行动执行委员会的上司无法相信他会与德国人合作，照旧进行发报——他们甚至通知他要派遣另一人去，代号为艾博尔。3 月 27 日夜晚，当艾博尔连同几箱武器一起用降落伞降到边远的平原上时，德国人雇用的荷兰人正恭候在那儿抓获他。

整个春季，吉斯克斯收获甚丰，抓住了不少特别行动执行委员会下属的间谍。他们之中的大部分是活动在荷兰的间谍，是在无线电游戏中给暴露的。其他的间谍是携带着发报机降落到地面时给德国人抓获的。迄至夏季，吉斯克斯控制着 5 台发报机以及它们的发报员。他担心被抓获的间谍可能会发出警报，逐渐用德国人来取代他们，尽管这样做要冒一定的险：伦敦会发现是新手在发莫尔斯电码。吉斯克斯清楚，每个发报员都有他自己的“书写法”——个人特有的节奏，有经验的人完全能听得出来。所以一开始，他就采取防范措施，事先通知伦敦，从荷兰地下组织来的预备发报员将代为发报。但是这样做被证明是多余的：伦敦并没有记载下每个发报员所特有的发报方式,所以有不同之处也区分不了。

英国间谍及武器箱不断从空中飘下落到德国接收委员会的手中。总共加起来，吉斯克斯安排了将近 200 次空投，收集到大量的武器，其中包括 8000 件轻武器，300 支机关枪，2000 枚手榴弹以及超过 16 吨炸药。此外，德国空军事先从吉斯克斯那儿得到消息，派出战斗机击落了 10 多架英国四引擎轰炸机，这些轰炸机刚完成向地面投掷人和物资的任务。北极行动进展得这么顺利，吉斯克斯后来说，英国人相信他编造的每一个故事，而他的柏林上司接到他的惊人报告时起初觉得难以置信。

吉斯克斯不断出台新的招数。当伦敦发出命令要摧毁德国海军用来与潜艇保持通讯联系的无线电杆时，他组织了一次空包弹的佯攻——接着向特别行动执行委员会发出电文，详情地、悲伤地叙述了进攻失败的经过。让吉斯克斯窃喜的是，伦敦发来了回电，向一位被认为参与这次佯攻的间谍授予英勇奖章。为了让人觉得抵抗运动仍在进行，也为了掩盖荷兰地下组织彻底瓦解的真相，一天下午，吉斯克斯在鹿特丹的马斯河中段进行了一次引人注目的表现。他让手下的人把一艘装载满废金属的运河驳船给炸了——有成百上千的老百姓站立在两岸，使劲地为这次勇敢的破坏活动鼓掌。

至1943年夏季，德国人抓获50多名荷兰和英国的间谍，逮捕了几百名抵抗运动战士，操作着14台无线电发报机。北极运动被视作是个巨大的成功，希姆莱的保安警察（他们与吉斯克斯和德国谍报局合作搞了这个行动）想把荣誉全部占为己有。保安警察为了庆祝胜利，举行了一次盛大的宴会，还颁发了奖金——而且故意不邀请德国谍报局的官员，甚至连吉斯克斯也排斥在外。然而这种小小的背信弃义与后来希姆莱一帮走狗所犯下的暴行相比就算不得什么了，这帮人于1944年在奥地利毛特豪森集中营里处决了47名被捕的间谍。吉斯克斯十分不满地写道，他是在希姆莱的保安警察做出“正式并且书面”保证，确保被捕间谍的人身安全后，才转交给他们的。

至那时，北极行动气数已尽。1943年8月，两个被捕间谍从他们被关押的一度曾是神学院（位于市郊哈伦）的地方逃了出来，向上司报告了吉斯克斯的行动。吉斯克斯设法诋毁他俩所说的话，他向伦敦发出警告，说这俩人已被盖世太保所收买，他的这一欺骗招数差点得逞。吉斯克斯继续玩弄无线电骗局，但是源源不绝从空而降的间谍和武器枯竭了。

1944年4月1日——愚人节——那天，吉斯克斯经过2年的时间，总共发出1700篇电文后，最终正式结束北极行动。在他给伦敦的最后一篇报文中，这位德国谍报局官员转弯抹角用讽刺的笔调提到众所周知即将来临的对法进攻。“我们清楚最近一段时期，你们设法摆脱我们的帮助自己在荷兰开展工作，”他的电文说，“我们对此感到格外的遗憾，因为在这个国家里，长期以来我们是为你们办事的唯一代表，并且取得了双方满意的效果。但是，我们可以向你们保证，如果你们想向大陆进行大规模的拜访，我们将对来访者采用我们一贯的殷勤态度，

赫尔曼·吉斯克斯少校（上）策划了德国谍报局在荷兰的北极行动，通过向伦敦发送假情报，诱捕了几十个落入陷阱的英国特工。吉斯克斯的第一个猎物是英国特别行动执行委员会的特工休伯特·劳沃斯（右），他曾是一名新闻记者，空降到荷兰四个月后被捕。

并且给以同样热烈的欢迎。”

除了使用反间谍的传统工具外，德国人还大量依赖于不断发展的通讯情报技术。这些新的窃听敌人的工具始于第一次世界大战，不过当时还处于胚胎阶段，现在则成了隐蔽战争最为有效的武器。如同盟国一样，德国间谍窃听电话，监听敌人的无线电发报，以及截取电报。他们在破译敌人密码方面也取得重大成功，尽管他们取得的成绩比起英国人攻破德国谜密码的重大业绩来说真可谓是小巫见大巫。

在第三帝国，大约有十多个机构从事电子侦破工作。有这么多机构的部分原因是各军兵种各自有特殊的需要。但争权夺利也不无它的影响；希特勒手下的许多将军们都坚持要建立自己的通信机构，尽管这些机构搞来的情报是十分雷同的。然而希特勒赞同这种重叠工作；相互竞争确保有大量的情报来源，又可以避免独家控制情报。

参与相互竞争的有外交部部长约阿希姆·冯·里宾特洛甫和帝国元帅赫尔曼·戈林的机构。里宾特洛甫的侦听人员窃听各外交使团发出的无线电报文，设法破译了 34 个国家的外交密码，包括德国轴心国的盟友意大利和日本。当意大利的外交部部长加利佐·齐亚诺最终听说德国人在读他的信件时，他不屑地说：“知道这情况很有好处。将来他们也将读到我想要他们读的东西。”

戈林的私人通信局称为研究办公室，不仅规模是最

一个德国接收委员会庆祝截获了英国特别行动执行委员会空投到荷兰的武器。这批于1944年初降落在一块林中空地的武器包括多箱弹药和炸药（左上）、多筒步枪和机枪（左下），本来都是投给荷兰抵抗运动的。一个靴子里插满手榴弹的士兵正在把这批武器装到拖车上，旁边站着一位荷兰的合作者。

荷兰的老百姓们在阿姆斯特丹的一条街上围观一辆被炸弹击中而着火燃烧的德国军车。德国人有时上演类似的破坏行动，使英国情报部门确信偷运入境的武器都派上了极好的用场。

大的，而且也是最为秘密的通信情报机构。工作人员达到惊人的6000人，他们昼夜24小时窃听电话谈话，私拆信件，截取无线电及电报通讯，以及审读外国的报刊。戈林的电话窃听网连接第三帝国境内1000个窃听器，还深入到被占领国家境内。只要电话一经过装有窃听器的线路，当地监听站里的灯就会发亮。称作Z人的监

听人员或做下记录，或录下谈话，然后把谈话的摘要通过电传机发往柏林做分析。研究办公室对经济情报尤为感兴趣；得到的经济情报既有利于戈林成为德国头号经济大亨，也有利于这位空军司令选择轰炸目标。

所有的纳粹头目都想方设法兼并竞争对手的通信部门。戈林一心想把武装部队最高统帅部破密码高手挖到他的研究办公室来。希姆莱想把戈林的研究办公室归属于他的帝国保安机构RSHA，当希姆莱这一想法受挫时，他着手组建自己的破译密码人员处。里宾特洛甫对研究办公室真可谓垂涎三尺，对该办公室对外交事务的干预又痛苦万分，他有时把情报重新打印到外交部的专用纸张上并盖上大印，以示这些报告是他的外交部采集来的。

一个技术上的重大突破是由德国邮电部的研究处完成的。由于邮电部经营全国的电话系统，它的研究人员集中精力研制能破译盟国间通过电子技术加密的电话内容的装置。1942 年 3 月，研究处设在被占领国荷兰的一个监听站截到了美国与英国之间的越洋电话，并成功地破译了。自那时起，这个站一天可以监听多达 60 次的电话，其中有些是罗斯福与丘吉尔之间的通话内容。但是盟国意识到通过电话交谈是不十分安全的，所以德国人尽管掌握有先进的技术，却并没有搞到多少真正有价值的情报。

德国的战地监听员和破译员起的作用相对来说要大

得多，在战地，他们是重要情报的唯一来源。德国空军的无线电情报处经常对盟国的轰炸提前发出警告，明显的例子发生在 1943 年 8 月 1 日上午，178 架美国飞机从利比亚起飞，轰炸的目标是位于罗马尼亚普洛耶什蒂的油田。美国飞机起飞后不久，德国空军驻希腊的监听站就截到了信号，立即破译了美国的无线电密码，得知了即将进行的进攻。这一消息马上发给了能对利比亚来袭者进行攻击的所有对空防御部队。当美国飞机隆隆飞抵油田和石油加工厂上空时，部署在普洛耶什蒂四周的高射炮群已处于备战状态。这次敌人的高射炮火是美国轰炸机在整个战争期间遇到的最为猛烈的一次，53 架飞机被炮火击中而坠毁，占整个攻击力量近三分之一。

埃尔温 · 隆美尔在北非所以能赢得所谓的沙漠之狐的绰号，部分原因就是因为他通过电子情报对形势有一清二楚的了解。隆美尔的右臂是武装部队最高统帅部的密码处。1941 年秋季，密码处破译了所谓的黑色密码，美国人驻扎在世界各地的军官的报告就是用这种密码进行加密。隆美尔和他的军官们饶有兴趣地读着一个叫邦纳 · 费勒斯上校发送出的报告，此人是美国驻开罗军官。这位勤勤恳恳的军官决心要吸取沙漠战争的经验，并且希望华盛顿也从中受益。他到战场上视察，询问英国指挥官，然后向家里发长篇累牍的电文。在德国，位于纽伦堡附近密码处的一个窃听站从空中截到了这些莫尔斯码的点点线线。密码处的密码破译员把这些黑色密码译

在 1943 年 8 月 1 日的一次轰炸中，一架美国 B-24 解放者轰炸机扑向罗马尼亚的普洛耶什蒂油田。德国空军的破译员事先得知了这次即将到来的进攻，致使三分之一的轰炸机被德国对空防御部队击落。

成普通文字，然后把它们发给沙漠里的隆美尔。

这些情报往往在从开罗发出后仅几小时就送到隆美尔手中，这些情报对非洲军团能于 1942 年初对埃及实施大规模的进攻起到了关键作用。被隆美尔高兴地称为他的“小费勒斯”精确地告知他有多少辆英国坦克能参与作战，以及英国对自己战斗力的评估。至 5 月，当隆美尔的非洲军团最终攻入埃及时，被截到的美国电文精确地指出英国人打算在哪儿设防，进而又通知隆美尔英国人何时又改变了主意。6 月下旬的一个晚上，当时隆美尔已经攻打到了亚历山大的门口，希特勒用完晚餐后向他的同僚们表示了这样一个愿望，希望“开罗的美国人”将继续提供精确的情报。

然而就在这时，隆美尔的情报来源枯竭了。英国人捉获了两个德国无线电操作员，他们供认出这个秘密。英国情报机关自己也破译了黑色密码，他们监听费勒斯发出的报文长达10天之久，发现它们，有人后来说，“冗长而具体，而且极端地悲观”。英国人把此事通报了美国人，后者取消了黑色密码，把费勒斯调遣回国。这位上校从不知道他在无意中帮了敌人的忙，实际上由于他在开罗的工作，还获得了优异服务勋章。“他给陆军部的报告，”嘉奖令说，“是清晰和精确的典范。”隆美尔此时打仗没有了这些情报来源，一准会同意这么说的。

就破译电子情报对战争不断发挥的作用而言，德国海军的密码破译员比起别的兵种来贡献要大得多。他们的处——大家都称它为B-Dienst，是侦察处的缩写——最突出的是威廉·特拉诺的破密码技术，他是个非军人，干劲十足，聪明过人。1914 年，特拉诺作为一名年轻的海军无线电操作员在一艘战列舰上工作时第一次破译了密码；不过那次他破的是德国海军自己的密码。战后，他去了后来成为侦察处的这个单位工作，一直工作到二战爆发之前，他的专长是破译英国皇家海军密码，他可以读懂英国海军部的主要密码。特拉诺甚至破译了令人生畏的英国海军密码，这是一种所谓双重加密的 4 位数字密码,双重加密是指用另一种密码覆盖在这一密码上，使得破译工作难上加难。

二战打响还不到两周，特拉诺与他的小组就取得了第一个胜利。德国第 31 号潜艇 U－31 根据从英国一篇无线电报文得来的情报，在布里斯托尔湾击沉了阿维莫尔海轮。在接着的几年里，侦察处在水上战役中立下了不可磨灭的功劳。英国人不断改变他们的密码，侦察处不断地破译它们——而且这个处也不断扩大以应付盟国跨越大西洋运输给养不断增加的挑战。1943 年，这个处的工作达到高潮，处下面包括 43 个截取报文和发现方向的站，这些站从挪威最北端遍布到意大利的南端。这些站平均一天截取的报文达 8500 篇，然后把它们发到侦察处位于柏林的总部。总部里，单是英国方向一个科就有将近 1000 名分析员和其他工作人员，他们利用自动分码机和制图机进行工作，把这些密码变成了有关海上运输舰队的情报，德国海军潜行在大洋中的狼群靠着这些情报歼灭敌人舰只。

1943 年 3 月初，从侦察处来的报告为大西洋战役中一次大规模遭遇战奠定了基础。特拉诺的分析员得知有两支运输船队从纽约港起航，德国潜艇立即就跟踪上了。运输船队一发现狼群就改变航向躲避它们，侦察处截取到了这些改变航向的电文，立即通知潜艇。在接着的三天海战中，德国潜艇打沉了 21 艘船只，而自己只损失一艘潜艇。这次是狼群，同时也是侦察处取得的一次最重大的胜利。在这以后，潮流转了。盟国动用了更多的护航船队，装备更为先进的雷达，加强了他们自己的密码破译工作，而且也使用了更为复杂的密码，结果特拉诺和侦察处为了迎头赶上，只得疲于奔命。

新的科学技术与老的警察工作在战争早期的一个案子中起了重要作用，这个案子也是德国反间谍工作最为耀眼的亮点。这个案子涉及苏联一个间谍圈；关于它存在的最早消息是由新近研制成功的测定方位仪器提供的，这些仪器可以帮助测出隐藏的短波无线电发射机的地点。德国谍报局特务把这些秘密发射机称为钢琴，把相互有联系的发射机构成的网络称为乐队。德国特务称上述这个间谍圈为红色乐队。红色乐队是苏联在20世纪30年代组成的，它渗透到西欧的各个角落，就是第三帝国的心脏部分也有它的人员。

德国的无线电监听站第一次窃听到红色乐队的电波是在1941年6月26日清晨，这天是德国入侵苏联的第五天。位于波罗的海沿岸克兰茨的一个监听站截到了由呼号为PTX电台发出的密码报文，这部电台被发现位于比利时。过了几个晚上，又截到了信号，是从位于柏林的三个不同电台发出的。这些信号只可能是发向莫斯科的。所有的密码工作人员怎么努力也无法破译，寻找无线电台本身的工作被各机构之间的相互扯皮所耽误，而这种相互扯皮经常影响德国反间谍工作的进程。

德国空军掌握有功率最大的方位测定仪器，一开始拒绝把它借给武装部队最高统帅部的通信安全科。只是在经过长时期的协商后，空军的小分队才被允许带上仪器参与在柏林进行的搜查。寻找电台的侦探驾驶着没有标志的车辆，身着电话修理工的工作服，在街上的掩蔽所里操作仪器，这些掩蔽所平时用来维修地下电缆。至少要有两台仪器才能测出一台工作中电台的大致方位；每一台方位测定仪能测出一个方向，然后两条线在地图上相交的点就是电台的位置。

然而，胜利并非唾手可得。为了躲避追踪的人，电台的操作员不断变换波长、发报的时间，把发报的内容尽量缩减，使德国人没有足够的时间测得信号的方位。时值 10 月下旬，离截取第一个信号已有四个月，这时侦察小分队已经快把范围缩小到隐藏电台的三座建筑物。恰好在此时，红色乐队一名叫汉斯·科皮的电台操作员注意到了一辆装载着仪器车的牌照。上面有很说明问题的两个字母 WL——代表武装部队 / 空军。科皮立即通知了弹钢琴的同仁，柏林红色乐队彻底沉默了。

现在的精力集中到最早一台无线电发射机上，即用 PTX 为呼号的那一台。从这台钢琴发出的音乐量一下大增——每晚达到 5 个小时——目的是要补上柏林的沉默。用长距离测方位仪器测出的方向把范围缩小到比利时。在比利时进行调查的任务分配给了德国军事情报反间谍处，即德国谍报局的 IIIF 处。这项任务的牵头人是

40岁的预备役上尉，名叫哈里·皮普。他是一战的老兵，和平时期从事律师工作。但是德国谍报局得知他有长期从事政府司法长官的经验——这种官员的职责是批准逮捕坏人，以及对他们进行审讯——把他作为IIIF处的一员派往比利时。

巴黎的一个屋顶上，德国士兵正在调试仪器，这种仪器可以探测出苏联间谍网“红色乐队”特工使用的秘密无线电发射装备。方位测定仪不停地在城里各个地点移动，直至从两个不同的地点发现同样的可疑信号；这两个地点的交叉线便是秘密电台的位置。

11月下旬，寻找工作集中到了布鲁塞尔，柏林给皮普派来了一支电台监测小分队，装备有最新型、可以随身携带的测定方位仪器。皮普和他的侦察小分队拎着不引人注目的仪器（它可以装进里面设有天线的手提箱里），循着电文发出的方向寻去。有一次，皮普把一个方位测定器放进了一架菲斯勒鹳的小型观察机里，一面环绕着城市飞行，一面测定方位。不到两周的时间，皮普和他下属就测出电台隐藏在布鲁塞尔市埃特贝克区阿特雷巴特斯街101号的那座房子。

12月13日夜晚，皮普带领了一个排35名战士包围了那座三层楼房，然后夺门而进。皮普逮捕了两名妇女和电台操作员，这位电台操作员最终被辨认出是个俄国人。闯入者没收了还在发热的发报机，又在壁炉里寻找到一份烧了一半的文件，上面全是密码。在一扇秘密门的后面，德国人发现了一个作坊，里面有空白的护照、官方的表格以及印章。正可谓是个“伪造者的天堂，”皮普回忆说，“我简直不敢相信。这意味着有一个真正庞大的特务网络存在，它的触须伸向每一个角落。”

在这个伪造者的作坊里搜到的最令人感兴趣的东西是两张照片。其中一位女子认出这两人是整个间谍组织的头目，她只知道他俩分别是“大头领和小头领”。皮普当时并不知道事实的真相，不过大头领是利奥帕德·特里珀，出生于波兰的共产党人，是红色乐队的指挥；小头领叫爱德华·肯特，是维克多·苏可洛夫古里维奇的别名，他是个出生于俄国的间谍，特里珀的副手。但是当皮普仔细研究这两张照片时，他有种怪异的感觉，好像以前曾经见过这两个人。

皮普的确见过他俩。这两人是他的隔壁邻居，尽管他没有马上意识到。皮普的掩护身份是荷兰商人，为了维护这一身份，他在皇家路 192 号租了一间办公室。办公室的隔壁——“中间的隔墙特别薄，对方说话声音都能听得见。”皮普说——属于一家称作西米克斯科的公司。表面上，西米克斯科是家国际进口公司，为德国占领当局进口各种材料和机器；实际上它为红色乐队不仅提供经费而且还提供掩护。小头领肯特负责西米克斯科公司；大头领特里珀负责巴黎的一家姐妹公司，公司名称为西米克斯，与托德特集团有大量的业务来往，而托德特集团就是第三帝国的庞大军事建筑部门。“我在楼梯上从他们身旁走过有十多次，”皮普后来回忆说，“我们经常在楼梯的转弯处碰头，而且双方常常拉一下帽子向对方致意。”

好似一切都是由命运安排似的，继发报机被缴获后，特里珀竟从皮普的手指间溜过去了。大头领不知道已经出了问题，来到了这座房子与他手下的一名特务进行事先约定的会晤。这个特务穿着破衣烂衫，活像是个贫困的农民，拎着一篮子的活兔子在叫卖，他一踏进这幢房子就被抓获了。几分钟以后，特里珀来敲门。当一个德国士兵来应门时，头脑敏捷的大头领掏出了一份像是官方的文件，说他是西米克斯的“让·吉尔伯特”，是由托德特集团授权来搜查战略物资的。皮普当时不在场，但是这个士兵打电话给他，请示对新来的人该如何处置。皮普上尉十分不耐烦地命令他让那个让·吉尔伯特办他的公事。“我们还是外行，”皮普后来说，“我们仍需进一步学习业务。”

皮普学习业务进步很快——而且他还有个经验丰富的老师。1942 年初，他与卡尔·吉尔英进行合作，后者是柏林派来协助调查的一名资深的盖世太保官员。通常德国谍报局官员讨厌他们党卫队的对手。不过吉尔英是个行政司法官的儿子，纳粹当权以前就是个警察，皮普发现此人挺和善的。吉尔英 40 岁才出头，因为得过喉癌嗓子沙哑；他有个习惯，喝大量“治病的药”——

咖啡和白兰地，他坚持说这是医生给他开的处方。

在以后的几个月里，皮普和吉尔英这对搭档先是寻找，后是跟踪伪造者艾布拉罕·雷奇曼，他设备齐全的作坊已被发现设在阿特雷巴特斯街 101 号内。按照盖世太保的指令，一个与德国人同流合污的比利时警方检察官联络上雷奇曼，并表达了对苏联事业的支持，因而赢得了后者的好感。雷奇曼完全给蒙骗住了，他甚至把无线电发报机藏到了检察官的车库里。后来，这个伪造者又无意识地让皮普与康斯坦丁·耶弗利莫夫会面，后者是接替肯特(敌人袭击了阿特雷巴特斯街那座房子之后，他就躲了起来）的苏联陆军上尉，担任红色乐队比利时分部的领导工作。不久，耶弗利莫夫就被逮捕了，而且被说服与德国人合作。由于他的供词，后来一名重要的特务在阿姆斯特丹被抓获，此人是红色乐队荷兰整个分部的负责人。

皮普逮捕耶弗利莫夫那天——1942 年 7 月 30 日——对德国间谍来说是个好日子。那天晚上，皮普带领一帮人对红色乐队在布鲁塞尔的最后一架钢琴所在地实施袭击。无线电波是由皮普测定方位的老朋友发现的，这帮方位测定者现在的技术已是十分精湛，可以精确地测出电台到底藏在哪个具体的房间里。这些测电波的专家得出结论，这部地下电台一准是藏在阁楼里——一点不错，搜查者就在阁楼里找到了电台，而且还正在发报，阁楼的窗子大开着。“操作着电台的那个人从一个烟囱

跳向另一个烟囱，不停地开着枪想把我们驱跑，”皮普回忆说。最终当皮普的人追上他时，他已躲进了一个地窖，钻进了一个倒过来的浴缸里，结果此人还是条大鱼：约翰·温策尔，是盖世太保长期以来追捕的德国一名老牌共产党人，也是名表现出色的间谍，因而还获得了专家的美名。

与此同时，柏林的密码破译者不辞辛苦地挖掘红色乐队的其他成员。通信保安处纠集了十多个数学和语言方面的专家，组成了一个小组，他们的组长是威廉·沃克，一所学校的校长，还是名预备役陆军中尉。沃克集中精力攻破皮普属下的人从阿特雷巴特斯街 101 号房子的壁炉里抢救出来那份烧焦的文件。从上面的一项项数字看来，很可能是张表格，电文依据这张表格进行加密。通过 6 周的艰辛工作，沃克和他的小组成功地从这张表格里重新组合成一个单词。这个单词是 proctor。

据了解，俄国人惯于用几本鲜为人知的文学作品里的一些句子来编辑密码，这一发现带来的结果是拼命地寻找文学作品。在那座房子里逮捕的一名妇女回忆起摆

德国谍报局的哈里·皮普上尉（上）在西欧追踪一个苏联间谍网的时候用了一个新的身份：性格开朗的荷兰商人里伯特（下）。他以这个掩护身份领导着查找布鲁塞尔秘密电台的行动。

布鲁塞尔皇家路192号的楼房里有德国谍报局反间谍特工哈里·皮普的办公室，也是西米克斯科公司的总部——西米克斯科公司的经营者正是皮普所要查找的间谍网红色乐队。

放在办公桌上的五本书的书名。这些反间谍人员就到书店里去搜寻，找到了其中的四本书。但是proctor这个单词并不在这几本书里面，寻找的人总也找不见第四本书，直至五月中旬，一名反间谍人员在巴黎一家旧书店里找到了这本书。在这本书里，一个人物的名字叫Proctor。

沃克的破译人员开始研究从莫斯科与布鲁塞尔之

德国空军军官哈罗·舒尔茨－博伊森和他的妻子利伯泰丝在1936年的婚礼上。他们作为在柏林的苏联特工为克里姆林宫服务。这对夫妇在柏林社交界的关系使他们能够向莫斯科提供大量的情报。

间通信中截获的大约300篇电文。约三分之一的电文里可以找到一个线索，引导你从Proctor书中查到一个句子。掌握了这些关键的句子后，破译人员现在可以读懂这些电文了。破译的电文都是有关武器生产和部队实力之类的情报，但并没有透露谁是红色乐队的人员。

到了七月份，破译员的不懈努力终于结出了成果。他们破译了一篇电文，是去年十月由莫斯科发给小头领爱德华·肯特的。那时候，红色乐队在柏林的无线电台都关闭了，以防被测方位的德国人发现，莫斯科要肯特亲自去柏林进行调查。德国人读着这篇破译的命令感到十分震惊，因为莫斯科列出了红色乐队在柏林的三个领导人的地址。

不到48小时，盖世太保就调查清楚这三个人都是谁，并且对他们实施监视。这三人全是很有地位的德国人。一个是作家，第二个人是第三帝国经济部资深的官员，第三个人是社会地位显赫的空军中尉。担任最敏感职务的是空军中尉哈罗·舒尔茨－博伊森，他是个32岁的情报专家，可以接触到空军总部许多绝密材料。舒尔茨－博伊森是受人尊重的海军五星上将艾尔弗雷德·

对于1942年在马赛街头拍下这张照片的摄影师来说，爱德华·肯特和玛格丽特·巴克扎只是一对散步的夫妇而已。事实上，肯特的真名叫维克多·苏可洛夫古里维奇，是红色乐队在逃的小头领。巴克扎是他的情妇，对他的间谍活动毫不知情。

冯·提尔皮茨的侄外孙，没有想到他竟是这么一个冒冒失失、浪漫的共产主义极端分子，而且迄今为止没有人怀疑到他，这着实令人惊讶。除了干别的离谱的事外，他晚上还穿着军装上街去偷偷摸摸地张贴反纳粹的标语。

舒尔茨－博伊森及其同志使用各种方法来发展他们的组织，这些手段从给予物质满足到激发人们反纳粹的德意志爱国主义精神。德国谍报局反间谍处的处长乔基姆·罗尔德后来把这些敌对的间谍描绘成“十足的外行”。尽管如此，红色乐队还是搞到了一些十分重要的情报。在过去的14个月里，舒尔茨－博伊森和他的同志向莫斯科发出了500多份电文，这些电文不仅涉及新式武器和其他军事秘密，还详细地叙述了希特勒和他的将军之间不断深化的矛盾。

霍斯特·海尔曼下士是由舒尔茨－博伊森新招募来的，他在通信保安处的密码破译科工作——就处在威廉·沃克的鼻子底下，他似乎是舒尔茨－博伊森妻子众多的爱慕者之一。但是这个职位低下的海尔曼并不清楚舒尔茨－博伊森已经暴露了，直到8月29日，他的一位同事给他看从莫斯科发来的电文，这份电文涉及舒尔茨－博伊森。海尔曼打电话到舒尔茨－博伊森的公寓警告他，但是不得不向佣人留下口讯。那天晚上舒尔茨－博伊森回电话时，海尔曼已经离开了办公室，接电话的是沃克，他那天工作得很晚。舒尔茨－博伊森要求留个口讯，终于报了他自己的名字。沃克听到这个名字顿时惊愕不已，轻声地问："你的名字里有个'Y'？"打电话人回答说是。

鉴于事情出现了不可预测的变化，盖世太保不得不采取行动。通过跟踪红色乐队的领导人，窃听他们的电话，私拆他们的信件，盖世太保原本希望对该间谍组织有个全面的了解，随即一网打尽。现在他们害怕他们的调查工作已经被揭露了，因此决定在舒尔茨－博伊森还来不及通知别人之前先下手。8 月 30 日晨，黑色的小汽车开始忙碌开了。它们很快把舒尔茨－博伊森、他的妻子以及其他领导人载了回来。

一开始，被捕的人显得很是强硬，谁都不交代。然而盖世太保用上了他们最有经验的审讯员，他们奉有指示，可以采取任何手段。这并不一定意味着他们一定会采用酷刑，因为尽管盖世太保残忍的名声在外，对间谍动刑按照规定是要严格受到监视的。根据盖世太保的规定，"强化审讯"——希姆莱有关动刑的婉转语——的使用必须事先向保安警察的头目提出书面申请，而且必须要有一位党卫队医生在场情况下使用。

其他的手段同样也起作用，也许能收到更好的效果。

富翁的气概使利奥帕德·特里珀赢得了德国领导阶层的信任——和生意。特里珀是莫斯科在西欧的头号间谍，在巴黎经营一家公司，主要的客户是第三帝国的庞大军事建筑部门托德特集团。

盖世太保的特务分子装扮成监禁犯与红色乐队的人员同住一间牢房。盖世太保的一个打字员假装对她表示关心后，舒尔茨－博伊森的妻子利伯泰丝就开始交代。其他人也开始说话，至10月中旬，总共有116名红色乐队的嫌疑犯被关进监狱。但是在战争结束前，很少有德国人知道此案。此案发生在帝国的心脏，背叛的又都是德国的精英分子，这让希特勒觉得很是难堪，他下令对红色乐队的镇压必须绝对秘密地进行。

当盖世太保在柏林进行搜捕时，皮普、吉尔英及20人的行动小组去了巴黎。尽管红色乐队比利时、荷兰、德国的分部已被摧毁，大头领与小头领却仍逍遥在外，所有的线索都表明他们在法国：对西米克斯科设在布鲁塞尔总部的监视发现它与巴黎的西米克斯有频繁的电话和信件来往。

皮普和吉尔英开始向目标接近。托德特集团的一名官员（西米克斯与该集团有大量的业务来往）认出从布鲁塞尔那座房子里搜出来的那张利奥帕德·特里珀照片上的人实际上就是公司总经理让·吉尔伯特。德国人开始设陷阱，引诱狡猾的特里珀。不过特里珀的“鼻子很灵”，皮普回忆说，他又溜掉了。

然而，这个反间谍小组在对付小头领时运气比较好。布鲁塞尔的那个伪造者艾布拉罕·雷奇曼帮着把德国人带到了爱德华·肯特那儿，他于11月12日在马赛被逮捕。肯特被押往布鲁塞尔，当吉尔英在那儿审讯肯特时，他的盖世太保副手差一点把对大头领进行的搜捕告吹。他的副手事先没有通知吉尔英，在时机还不成熟的情况下就对位于香榭丽舍大街的西米克斯总部实施突击搜查。特里珀做出了反应，他策划了一个最终的骗局：安排自己在一个乡村小镇上死去，还搞了个葬礼，并得到死亡证明书。但是在逃离巴黎之前，他先要干一件重要的事——他与牙科医生有个预约，11月24日下午2时去牙医那儿包两颗牙齿。

24日早晨，吉尔英正在审讯一名间谍的妻子，这名间谍是在对西米克斯总部进行突击搜查时逮捕的。这名妇女害怕极了，她绞尽脑汁，看能否帮助德国人找到大头领，然后可以劝说他们对她的丈夫宽大处理。突然，她记起了“吉尔伯特先生”曾埋怨过他牙齿痛，她丈夫给他介绍了他们的家庭牙医。那天下午，当吉尔英和皮普端着枪冲进去，浑身由于激动而颤抖时，大头领正好端坐在牙医的椅子里。“干得好！”特里珀冷静地说，当吉尔英给他戴上手铐时，“你们的工作干得很出色。”

特里珀的被捕，是德国反间谍工作自开战以来取得的最为辉煌的胜利，德国人对待他真是倍加爱护，期望他能披露些消息。吉尔英一天天地陪伴他，喝白兰地、咖啡，交换间谍故事，慢慢从他嘴里得到他手下人的名字。1943 年初，吉尔英和皮普可以向柏林报告他们终于将红色乐队的最后几个人员都抓获了。

后来，得到特里珀及其他一些钢琴家的合作，红色乐队换成德国人当新指挥，继续演奏下去。希姆莱的反间谍处希望效仿德国谍报局北极行动的辉煌胜利，跟莫斯科玩起了游戏。德国人利用收缴来的发报机，用驻西欧的一些德国部队的组成之类消息来应付莫斯科对于情报的要求。莫斯科也是特别大意，让反间谍处破获了共产党在法国的好几个间谍网。

不过，伪造的红色乐队诞生后只有几个月，电台游戏就开始衰落了。特里珀的主要钢琴家约翰·温策尔逃跑了，因此布鲁塞尔的电台只得关闭。另外，驻扎在西欧的德国陆军将领拒绝继续向反间谍处提供莫斯科需要的十分敏感的情报。接着，在 1943 年 9 月 13 日，大头领遭逮捕后十个月，他不辞而别，离开了他的盖世太保主人。他在去一家巴黎的药店时，设法摆脱了看守，成功地逃脱了，因而彻底摧毁了伪装的红色乐队。

战后，特里珀坚持说他只不过是假装与德国人合作。他说这只是个计策，目的是赢得德国人的信任，免得敌人对别的间谍穷追不舍。不管他的故事是真是假，特里珀的苏联上司并没有放过他，让他蹲了十年监狱。但比起红色乐队他的许多同仁来说，他的遭遇要强得多。如同被反间谍网捉住的其他人一样，他们搞情报的代价是死在纳粹刽子手的刀下。

德国加密器之谜

大战爆发之时，德国密码分析员与他们的同盟国对手早已为争得秘密通讯的领先地位而暗中较劲了许久。竞争的初期，德国占有优势。战前的德国拥有世界上最安全可靠的军用通信系统，这多亏了一种名叫“谜”的精密设备——其实是一种非常先进的加密器，它的使用者甚至认为无人能破解它的玄机。但是德国人对“谜”的信任太过头了：先是在波兰，后来在法国和英国，一队队的专职密码破译员在极其保密的情况下试图破译“谜”的秘密，而且进展越来越大。他们的工作将改变战争的进程。

“谜”诞生于1923年，最初是商行用于防止竞争对手窃听商业通讯的商用加密器。这种装置看上去像一台打字机，能够一个字母一个字母地把将用电报或无线电发送出去的信息译成密码。操作员每按一下由26个字母组成的键盘中的一个键，一股脉冲电流便会通过如迷宫一般的线路，最后点亮一盏灯泡，照亮字母仪表板上被编成密码的那个字母。按键产生的压力同时还会推动一个转轴的转动，改变下一股脉冲电流的方向；这样一来，就可以产生上千万个不相同的密码。

20年代后期，德国军队对这种商用加密器加以改装和利用，新增了一些诸如线路连接板之类的组件，使得“谜”加密器更加扑朔迷离。然而，没过几年，波兰情报部门通过细心的分析和幸运女神的相助，开始天天破译“谜”发出的信息。整个30年代，波兰人设法跟上“谜”的改进，并把技术传授给英国人。破译“谜”密码的努力一直持续到战争结束；惊人的成功与因德国人增加新组件或改换操作程序引起的令人沮丧的失败交错出现。两次，后来又有一次，同盟国破译了“谜”发送的越来越复杂的海军密码，帮助英美两国的舰艇抵御了德国潜水艇舰队的攻击，并最终在大西洋海战中击败了德国海军。

在北非战场，截获“谜”发送的信息也起到了重要的作用。1942年，在进入埃及之前，埃尔温·隆美尔元帅的部队发生了严重的弹药危机。柏林发来的无线电情报详细讲明了将派补给舰队前去解救隆美尔，英美两国的密码分析员闻讯便报告军方，派出战舰、潜艇和飞机拦截德国舰队，使其损失惨重。1942年8月，在前方战场，当隆美尔孤注一掷地准备向开罗突围的时候，英国第8集团军通过破译“谜”的密码得知了他的计划，在隆美尔发动进攻时已经做好了应战准备。惊愕的德国军队遭受到了沉重的打击，再也没有恢复元气。隆美尔意识到他的计划被泄露，但却无法确定到底是怎么一回事。

大战期间，德国人自始至终对“谜”笃信不疑：到战争结束时，德国军队配发了20万台“谜”加密器，给德国的敌人带去了极大的好处。

除了正常的三个转轴，这种“谜”加密器的正面还装有一个线路连接板，极大地丰富了密码的数量。打包装好之后，这种可以充电的加密器（左）重约26磅，尺寸为7×11×13英寸，配备齐全，轻便易携，在舰艇、飞机、卡车和作战指挥部均可以使用。

Zur Beachtung!
Klappe schliessen
ENIGMA

这台“谜”加密器有三个转轴（顶端）、一个灯光仪表板、一个键盘和一个线路连接板。

脉冲电流的迷宫

要想破译“谜”发送的信息，接收器的电路必须与发送器的电路完全一致。接收者必须知道插入哪些转轴、何种顺序、如何放置。德国军事司令部向“谜”的操作员下发使用说明书，讲述线路的设置，并定期更换这些设置。接收者只需在键盘上输入密码字母，“谜”加密器就会反向操作，打印出原文。

每改一次线路，“谜”的操作员就得重新安排转轴在中心轴上的位置，在保持锯齿轮不动的情况下，旋动带字母或数字的铁环，以改变每个转轴的设置。

“谜”加密器内的金属丝网把扁平的触点与弹性电刷连在一起。

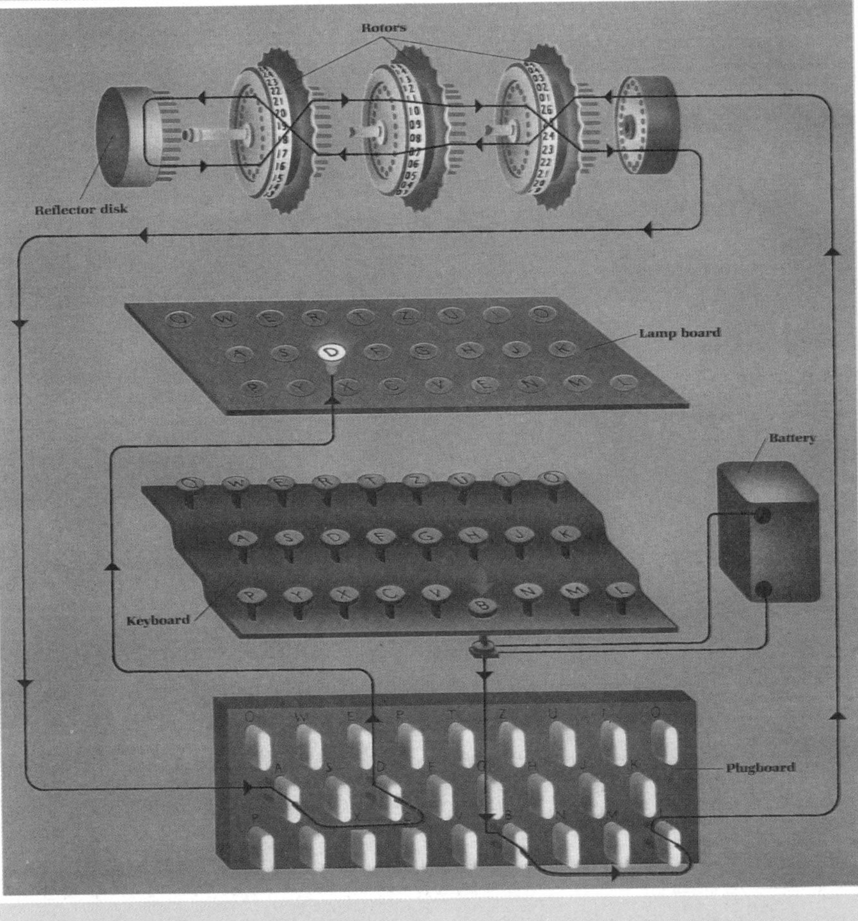

按下“谜”加密器键盘上的一个键（上图是字母B），便有一股脉冲电流通过内部复杂的线路。脉冲电流由电池（右）产生，在线路连接板处经过第一次置换，由一根电缆线将电流从插孔B转移到插孔L。到达转轴处（顶端）后，电流通过一个静止铁环上的触点L进入第一个转轴的弹性电刷。转轴内的线路又将电流置换，到达另一端后变成了另一个字母；其他两个转轴依次重复同样的步骤。而后，反射磁盘内的线路又将电流翻转、置换，新的电流沿着另一条线路流回三个转轴和线路连接板，最终到达灯光仪表板，点亮了加密的字母D。字母B被按下时，第一个转轴向前移动一个位置，以改变下一个键入字母的电流线路。当第一个转轴转完一圈时（26个字母），第二个转轴向前移动一个位置；第二个转轴转完一圈时，第三个转轴再向前移动一个位置。

海因茨·古德里安将军（站立者）在法国指挥闪电战时，指挥车里有一台“谜”加密器。

战场上的保密工作

在1939年对波兰、1940年对法国发动的闪电战中，“谜”加密器向德国军队展示了它的价值。快速移动部队，尤其是装甲部队，在战斗中得依赖无线电保持与司令部及友邻部队的联系。指挥员必须及时安全地发出命令，各级指挥部必须定期获得有关部队所处位置、人数和敌人部署的详细报告。以电池作为电源的“谜”加密器可以被带到战场无线电能去的任何地方，满足了军队的战术需要。

操作员通常两人一组，一人敲打键盘，一人登记灯光仪表板上闪亮的加密字母。即便是这样，速度仍然很慢；尽管“谜”加密器看上去像台打字机，按下键盘字母时要费很大的劲才能推动转轴。加密的电文交给无线电操作员，由他用莫尔斯电码发给目的地。接收员在键盘上敲打加密的电文，灯光仪表板上就会显现出本来的信息。

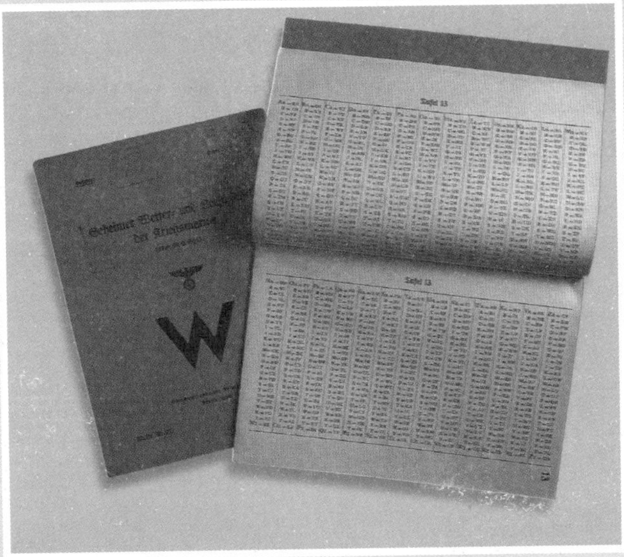

德国海军配发给舰艇上“谜”加密器操作员的说明书上列举了各种线路设置，与之相对应的是有关风、天气和舰船位置的代码。

当从1942年击沉的一艘潜艇上发现这张海军的“谜”加密器电文纸时，贴在上面的几条信息已经松动丢失了。

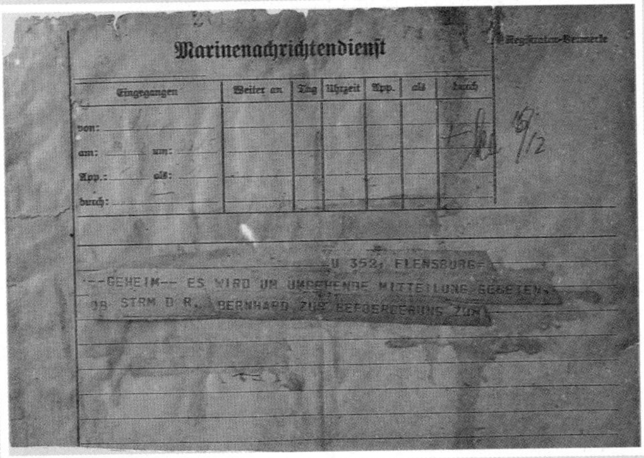

解开“谜”加密器秘密的密码分析员亨里克·齐加尔斯基（左）、杰齐·罗齐克基（中）和马里安·里杰夫斯基（右）于德国入侵之前逃离了波兰，他们一起在法国街头散步。齐加尔斯基和里杰夫斯基于1942年途经西班牙去了英国；罗齐克基同年乘船抵达英国。

解开加密器之谜

在30年代，波兰意识到德国的侵略意图，开始不遗余力地破译“谜”的密码，窃听邻国的情报。1929年，在德国主人不知情的情况下，一台军用“谜”加密器短暂地落入了波兰人的手里，波兰密码分析员经过仔细分析之后画下了线路图，使这项工作取得了很大的进展。

接着，波兰数学家们设计出了灵敏的分析仪器，包括“谜”的复制品和一个“炸弹”（之所以叫这个名字是因为它工作时会滴答作响），用于对大量可能的线路连接板和转轴密码组合进行筛选。

波兰的盟国法国也获得了重要的发现，包括一本密码手册和一位德国叛变者提供的编码示范。1939年战争一触即发的时候，波兰人把掌握的密码信息全部告诉了法国人和英国人，并各送了一台“谜”的复制品；后来逃亡的密码分析员又带了两台到了法国。

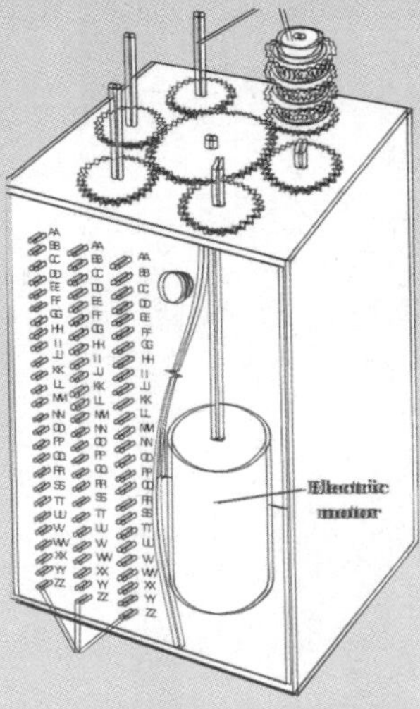

波兰人用于分析“谜”加密器线路设置的“炸弹”上，六套“谜”的复制转轴（图上只显示了一套）测试不同的密码组合。转轴的轴心由电动机驱动，找到正确的密码时转轴便会停止转动。

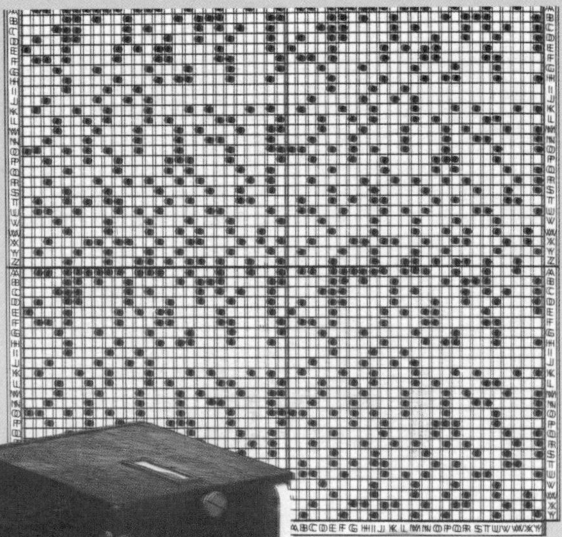

另一种破译“谜”密码的方法是借助一些特殊的打孔的纸，每张纸上的洞根据数学原理排成矩阵。把这些纸一张叠一张地放在灯光仪表板上，透过的几丝光亮照着当天的密码字母。

这台较晚生产、有四个转轴的“谜”加密器用纸带打印机取代了灯光仪表板，只需一个人操作，速度更快。

布莱齐利庄园是为数众多的如皇家空军小分队（插入的小图）这样的密码分析小组的总部。

“超值”的力量

英国情报部门与波兰人一样紧急地开始对付“谜”加密器。几十位密码分析员、数学家和工程师被聘到离伦敦50英里的大乡间别墅布莱齐利庄园工作。1941年以后，有一些美国人加入进来。战争期间，在这个戒备森严的情报机构工作的大多数人一直待在这里；他们了解太多的机密，不能调离。

破译“谜”密码的工作每天都在进行；包括德国空军在内的一些密码一般几小时后就能破译出来。密码破译之后，布莱齐利的专家们便可以解读出当天其他的信息。几组翻译和分析人员仔细推敲这些信息，整理出最有价值的上报给高层的作战指挥员。被称为“超值”的上报材料有时在德国人发出电文几小时之后就能到达同盟国军队手中。

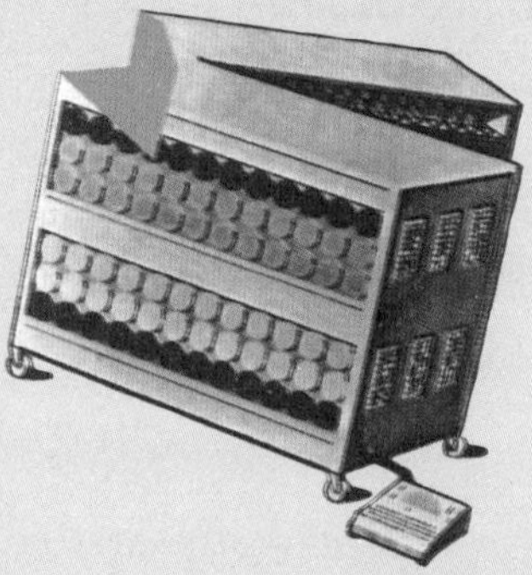

英国“炸弹”的正面装满了“谜”转轴的复制品；这种密码破译器高达六米，比先前的波兰“炸弹”效率高得多。

在首都华盛顿，一个美国海军的无线电工作人员正在调节“炸弹”上的线路设置，这样的工作人员有好几千人。

4. 英勇无畏的特种部队

意大利的上空飘着朵朵白云，一个小分队的拖曳飞机和滑翔机从罗马向亚平宁山脉飞去。90名伞兵拥挤在8架单薄的滑翔机里，他们感到很不舒服、很不自在；他们所能见到的只是透过边窗厚厚的、半透明的玻璃纸照进来的变幻莫测的光线。

1943年9月12日的那个下午，坐在领头的那架滑翔机里的是个身材魁梧的人，他身穿党卫队上尉的军服，在座位上不安地来回扭动着。最终，他实在信不过领航员，拔出了一把刀，在帆布的机身上捅了一个洞。他从这个粗糙的小洞向外探望，透过云层间的空隙，瞥见了桥梁、道路及河流的弯口，这些地貌由于他不断研究地图而已经十分熟悉了。几分钟后，他认出了他的目标——亚平宁山脉高处被白雪所包围的意大利大萨索山。

党卫队中校奥托·斯科泽尼在战争期间是一支特种部队的长官，他所表现出来的英勇无畏丝毫不亚于学生时代在维也纳与人击剑留下伤疤的经历。“你不能总把时间浪费在佯攻和躲闪上，”他这样描绘自己的战术，“你必须确定目标，发动攻击。”

当他见到耸立在岩石山顶上的滑雪旅店时，上尉下达命令，“戴上钢盔，放下拖绳！”一架接着一架的滑翔机脱离开拖曳飞机，当拖曳飞机离去时，呼呼的风声代替隆隆的引擎声。滑翔机飞行员侧过机身，绕着大圈向一块三角形的草地滑去，他们要在这块草地上降落。然而，当他们向草地接近时，他们着实吃了一惊。

这位党卫队上尉只是几天以前才见到这块地方，是由一架亨克尔 111 型侦察机从 15000 英尺高度处拍摄的照片上见到的，而且拍摄时天正刮着大风，机身上下不断颠簸。那时看上去是片平坦的草地，令人沮丧的是，现在呈现在面前的完全是另一副面目。“草地是三角形的，这没有错，”上尉回忆说，“但是一点都不平坦，而是一个陡峭的，非常陡峭的山坡。它甚至可能是个滑雪跳道处。”

普通的常识——而且也是他的上司给他的十分明确的命令——要求上尉不是取消这次任务，就是命令滑翔机下到相对安全的山谷里。然而奥托 · 斯科泽尼却选择了冒险的做法。他强迫着陆的命令一喊出口，飞行员就向山坡冲去。随着金属的吱叫声与帆布的撕裂声，脆弱的滑翔机砰一声降到了山坡上，滑行了一段路，在离旅店不到 16 码的地方停了下来。滑翔机里的人跌跌撞撞走出来，谁也没有伤着，真可谓是奇迹。另外 7 架滑翔机紧跟着降到山坡上。其中有一架在降落时突然遇上了一阵大风，风把飞机吹到了一块嶙峋的岩石上，因而机身散了架，里面 10 人都受了重伤。但是其他几架滑翔机总算安全地把德国兵降落到地面。

斯科泽尼以及紧随他身后的德国兵冲上山坡，经过了几个满脸惊讶的意大利警卫，见到第一扇门就往里面进。那是个无线电发报房；这个粗壮的党卫队上尉只停顿下来举起枪托把发报机砸烂，随即原路返回，翻过

1943 年 9 月，一架菲塞勒鹳侦察飞机准备载着奥托·斯科泽尼和贝尼托·墨索里尼从意大利亚平宁山脉深处的萨索山起飞。反法西斯分子把这位意大利的独裁者关押在山上的一家滑雪旅店，斯科泽尼和他的手下把他营救了出来。

了一座 10 英尺高的围墙，向旅馆的正门直冲过去。他抬头一望，见到一扇窗户前有张知名的脸。他迅捷地跑过一条走廊，爬上一层楼梯，闯入房内。站在他面前的那个人身材矮粗、胡子拉碴，穿着不合身的老百姓衣服，还被两个意大利军官看守着。斯科泽尼站得笔直，足有 6 英尺 4 英寸高，开口向那个疲倦不堪的人说话。“领袖！”他说，“是元首派我来的！你自由了！”

直至那时，意大利独裁者贝尼托·墨索里尼一直在认真考虑，想用自杀来结束生命，他见到这个魁梧的党卫队军官及他领导的这帮突击队员时，一定以为他是在做着一个玫瑰色的梦。两个月前盟军攻入西西里后，意大利这个法西斯国家像座纸牌搭成的房子一样彻底垮掉了。7 月 25 日，在一次闪电式的政变中，意大利元首被推翻了，并遭到逮捕。对于这次政变，就是墨索里尼身边全副武装的卫队也没有加以反抗。事情很清楚，意大利厌恶战争、民心涣散，作为轴心国成员国的历史该结束了。德军最高统帅部面对这个不可回避的事实，建议把德军撤到意大利的北部，让墨索里尼去听天由命。

但是，阿道夫 · 希特勒一听这一建议，肺都气炸了。任何要从意大利撤退的想法都是失败主义的表现，他尖声高叫。他决不遗弃他的朋友墨索里尼，他命令希姆莱立即筹措一个方案营救意大利国家元首，并重新扶他上台执政。

这次行动交付给了斯科泽尼，他的绰号叫疤脸，因为与人击剑时，他脸上挨了一刀，刀口从左脸颊的耳根直通到下巴。就在几个月之前，斯科泽尼被选中来领导一个党卫队分队，负责对国外与中立国采取特殊行动。营救墨索里尼是这个 35 岁的上尉上任以来的第一次行动,也是他第一次有机会来表现他非同一般的冒险精神。

斯科泽尼出其不意地出现在山顶旅馆后还不到几分钟，就接受了守卫这座旅馆的意大利军人的投降。随即他让一个小分队去草地清除岩石，建起一个临时机场。此时，党卫队和德国空军的增援部队经由山谷里的铁索铁路来到现场，还带来了个摄影师，把这些有轰动效应的场面拍摄下来。一架菲塞勒鹳联络飞机在上空盘旋着。

这个简易的飞机场一旦修整完毕，那架菲塞勒鹳飞机就着陆，墨索里尼被塞进了飞机里。飞行员愤怒地坚持说再上人飞机就会坠落，可是斯科泽尼把飞行员的话当作耳边风，硬是爬进飞机，把他肥胖的身躯塞到了独裁者后面。这架小型的飞机向前跃出，在高低不平的草地上惊险地跳跃前进，滑过悬崖的边缘，消失了。有几秒钟的时间，飞机直栽向谷底，令人晕头转向，接着飞行员设法控制住飞机，以最高的速度向罗马飞去。在罗马，墨索里尼与他的救命恩人换上另一架专门等候在那儿的亨克尔飞机，向北飞向第三帝国。至半夜，这两人已经住进维也纳皇家旅馆一个十分舒适的套间里，交流着不堪入耳的笑话。

阿道夫·希特勒真是喜出望外。第一夜还没有过完，希特勒就晋升斯科泽尼为少校，授予他铁十字勋章的骑士级勋章，还打电话表示祝贺。“你创造了军事上的奇迹 ,这一奇迹将载入史册。”元首充满激情地说。两天后，斯科泽尼来到了东普鲁士的狼穴，与希特勒促膝谈到深夜。第二天，斯科泽尼与鲍曼、希姆莱共进午餐，与戈林一同散步，又与里宾特洛甫共进茶点，这些纳粹高层人物一个个忙不迭地向帝国的新英雄表示敬意。

事实上，斯科泽尼这番功绩并无什么实际价值。德国把无能的墨索里尼扶为德国占领的意大利北部的傀儡，但他实际上受到国人的唾弃，没有能力如同希特勒梦想的那样恢复法西斯的统治。但山顶旅馆的营救成功毕竟是件好事。1943 年秋季，德国在军事方面受到严重的挫折，战场上一个接着一个吃败仗，特别需要能出现点鼓舞士气的东西。宣传部长戈培尔让斯科泽尼上街游行，使仰慕的群众一瞻尊容，又在报纸、杂志并通过电台大肆刊登和广播这次营救的事迹；一个拍摄电影的班子专程去大萨索山为观看电影的人重演英雄业绩。

甚至同盟国的成员也为此感到震惊。温斯顿·丘吉尔在对下议院所做的演说中详细地讲述了这次使命的经过。“这次行动是英勇无畏的表现，”英国首相大声说，“这无疑表明，在现代战争中，有许多这样的机会可以来展示人们的勇敢精神。”

丘吉尔对斯科泽尼使命的赞扬表明了他对这类行动的热衷。对于山顶旅馆袭击这类行动本来是应该遮遮盖盖的，这次却大张旗鼓地加以宣扬，因而更具有轰动效应。相对常规战争来说，这是隐蔽战，在这种隐蔽战中，素养较高、训练有素的小分队溜到敌后，完成各式各样的任务，从破坏、颠覆到在正规部队到达之前抢占战略目标。劫持人质、进行暗杀是家常便饭——由于需要，穿上敌人军服也是很平常的事。

尽管特种部队的渊源可以追溯到特洛伊木马时期，他们通常受到正规部队的鄙视，正规部队的战士通常视特种部队进行的秘密的匿名活动是对于他们作为斗士的英勇善战的一种亵渎。但是二战中，交战双方都没有因此而不去利用这些特种部队的聪明才智。英国拥有闻名遐迩的突击队，美国也有它自己的别动队——德国进入战争时拥有勃兰登堡部队，这支精锐部队是由情报头目卡纳里斯的德国谍报局培植和训练出来的。这个勃兰登堡分队的人员多才多艺，一人掌握多种外语，它是德国谍报局最为宝贵的财富之一——在长期不断地与党卫队争夺对第三帝国保安和情报机构的领导权的斗争中，这个分队受到对方的觊觎。

随着战争的推移，第三帝国的气数日益衰败，轻便武装的勃兰登堡队员被当作常规部队使用，投到俄国前线参加厮杀，死伤惨重，这支队伍从此再没有恢复元气。与此同时，党卫队组建起自己的特种部队，奥托·斯科泽尼在组建特种部队中起着举足轻重的作用，他们将逐渐取代士气日益低落、办事效率低下的德国谍报局小分队。到一定的时期，基本上所有的情报工作都由党卫队一手包办。曾是闻名遐迩的卡纳里斯——此时已是彻底被孤立，不但被责成要对德国谍报局行动的不断失败负责，而且又因他的反纳粹情感被怀疑是叛徒，本人也由于国家前途黯淡感到心力交瘁——不久将被逮捕，关进监狱直至遭处决为止。

鉴于德军将领对于非正规部队出于内心的憎恨，德国军队里竟能产生特种部队，真可谓是个奇迹。事实上，德国军官团把军人职业看得无比神秘、无比崇高，不仅一致把特种战争看作是对军人职业的亵渎，而且是对他们个人荣誉，乃至国家荣誉的一种侮辱，偷偷地穿上敌人的军服是对自己军服的一种亵渎。这一态度造成的后果是，一般说来，德国军队没有能造就善于进行非常规战争的人才。

但也有个别例外，其中有一人是保罗·冯·莱托－沃贝克，一战时，他是德属东非一支殖民小部队的司令。与盟军的数量相比，他的小部队明显是寡不敌众，在这种情况下，冯·莱托－沃贝克成功地使用了游击战术，困住了大量的英国军队，这批军队原本是可以用于欧洲战场的。这一经验对他的一名下级军官产生了深远的影响，这名军官是西奥多·冯·希普尔上尉。一战以后，他被分配到德国谍报局第二处，是个专门负责秘密行动的军事情报分支。

希普尔不光从老上级那里得到启示，他还对战争中产生的英雄事迹特别向往，这些英雄事迹经T．E．劳伦斯之口得以大大的夸张，劳伦斯是个英国冒险家，外界都称他为阿拉伯的劳伦斯。劳伦斯属于一伙英国特工人员，他们的任务是煽动阿拉伯部落人员对驻扎在中东的土耳其士兵进行骚扰，而希普尔深信这种战术同样可以用于正规的德军行动。他的想法是由少数优秀的人员组成小分队，为正规部队开道。在实施进攻前——甚至是在正式宣战以前——这些小分队可以先深入敌后，占领桥梁、道路的交叉口以及主要的通信设施；他们可以散播假情报、炸掉供给仓库、攻打敌人的司令部，总的说来，是以少数人来制造大的混乱局面。

富有想象力的希普尔建议，这样一个机构理所当然应该隶属于卡纳里斯海军上将的秘密二处。这一建议让国防军最高统帅部觉得很是难堪。然而，德国的军事思想在迅速发展，希普尔的这一想法与当时一个创造性的新概念相距并不远，这一新概念便是进行装甲闪电战。闪电战的核心是要依赖于闪电似的速度及高度的灵活性来对付敌人在数量上的优势——这一战术与希普尔进行秘密的突然袭击的思想是相吻合的。

大约是1938年底，或是1939年初——很显然是应武装部队最高统帅部要求——德国课报局二处开始面试自愿加入由希普尔领导的一个特种临时小分队的人员。征召这个小分队人员的工作是在绝对秘密的情况下进行的，他们的早期活动迄今还是个谜；但是他们显然是用于对波兰的入侵，在入侵波兰时，闪电战将以其迅雷不及掩耳之势呈现在世人的面前。至1939年夏，德国谍报局已经训练了好几个能说波兰语的志愿小队，并把它们组合成一个相当于营建制的单位，这个单位称为埃宾豪斯战斗群。

入侵波兰的前几天，这些人两三人一伙，伪装成采煤工人和其他工种的工人，开始溜入波兰，渗透到西里西亚的矿区、工厂和电厂，而西里西亚是波兰重工业的中心。希普尔领导下的其他人员于8月31日晚穿越边境，驻扎在维斯图拉河沿岸的桥边，这条河流是横穿波兰中心的主要运输要道。至9月1日早晨德国军队大规模入

威廉·卡纳里斯海军上将（中）正在柏林西边勃兰登堡团的营地视察。他的左侧是勃兰登堡团的创始人西奥多·冯·希普尔上尉。

侵波兰时，埃宾豪斯战斗群已经控制了战术上十分重要的维斯图拉河上的桥梁及占领了西里西亚的一些完好无损的工业设施。

德国官方对这次闪电式入侵波兰的记载里没有提及德国谍报局的特种部队。实际上授予他们铁十字勋章的提议也遭否决，这是因为在特种部队的人员采取行动时，德国与波兰之间并没有进入战争状态。但是，尽管希普尔的部队并没有得到公开的承认，他们发挥的作用是有目共睹的，因而卡纳里斯决定让他们正式加入德国谍报局。1939 年 10 月 15 日，这批特种人员的第一个组织，婉转地称作特种任务训练与建设第 800 中队，建立起来了。它的总部设在普鲁士老城勃兰登堡，这个组织也因此得名勃兰登堡。尽管受德国谍报局的控制而不接受正常系统的领导，勃兰登堡队员不是职业的特务或破坏分子，而是武装部队穿军服的人员，是因为具备专门的特长而招募来的，为执行特种任务而接受训练。他们的任务由最高统帅部确定，他们被派遣到具体的部队执行特种任务。

加入勃兰登堡分队的一个先决条件是至少能流利地说一种外语，而且招募来的人能说多种语言这一背景说明了希特勒的险恶野心。可以说，欧洲所有的国家，没有勃兰登堡队员不熟悉的，总可以找到一人对某个欧洲国家是十分熟悉的。勃兰登堡分队招收的人员必须属于德意志民族，这些人生活在帝国的境外，住在东欧的德

不管到任何地方执行任务，勃兰登堡特种部队的士兵都善于乔装改扮。两名特种兵穿着荷兰水手的破烂衣服悠闲自在地坐在船上，船上装载着从德国运往荷兰的武器和炸药（左上角）。在1941年巴尔干半岛的作战行动中，突击队员们装扮成塞尔维亚工人（右上角）溜进南斯拉夫，保护轴心国的航运和炼油厂。在东部前线的作战中，他们穿着苏联红军的军服（左下角），执行抢占苏联边境桥梁和隧道的任务。（右下角）在北非，一个特种兵身着阿拉伯服装侦察敌方部队通过直布罗陀海峡的情况。

国人，他们能说捷克语、波兰语、乌克兰语，或是鲁塞尼亚语，还能说这些地区特有的方言。住在波罗的海沿岸的德国人能说爱沙尼亚语、拉脱维亚语、立陶宛语、芬兰语——当然也能说俄语。其他的勃兰登堡队员来自这样的家族，它们曾经在非洲与南美洲的德国领地上实施过殖民统治，他们除了能说一口流利的英语、葡萄牙语和西班牙语外，还能流利地说当地的方言。一部分勃兰登堡队员掌握多达6种语言，少部分人甚至能说一些鲜为人知的语言，如藏语和阿富汗语。

除了他们掌握的语言技能外，勃兰登堡分队的人还带来大量的现期护照、定量供给本和身份证，这些都可以用来为特务制造假的证件。而且因为他们对当地的风俗习惯特别的熟悉，很难把他们与当地人区分开，所以他们能毫不费力地融入敌国的民众中去。用一个德国谍报局特工人员的话来说，每一个进入俄国的勃兰登堡队员都知道“如何像俄国人一样吐唾沫”。

在勃兰登堡外的一块庞大的乡间宅第上，未来的突击队员在受训，掌握秘密行动和自我生存的技巧：如何在森林中行走不发出声音，如何靠土地生存，如何通过星星来确定方向以及如何在恶劣的气候条件下生存下来。他们学会如何驾驶独木舟，如何使用降落伞和穿行于乡间的雪橇，以及如何利用最基本的商品，例如钾碱、面粉和从糖果商那里买来的食糖，来制造炸药。他们熟练掌握小型武器的使用——也同样能熟练使用刀子和西班牙绞具。随着训练课程的不断进展，不少的志愿者中途退出，也有的是给开除的；留下来的人视自己为优秀分子，可以与世界上任何军队媲美，或许还超越他们。

对他们的第一个考验发生在1940年4月9日，当时一个说丹麦语、穿着丹麦军装的勃兰登堡排占领了跨越小带海峡的一座桥梁，为德国军队入侵挪威扫清了道路。一个月后，附属于第六军的勃兰登堡小分队又为该军进攻比利时、荷兰及卢森堡铺平了道路，而对这些国家的进攻标志着西线战役的开始。

5月10日清晨2时，威廉·沃尔瑟中尉及其他八名勃兰登堡队员装扮成三名荷兰警察护送六名被解除武装的德国军人，他们跨越边境进入当时仍处于中立的荷兰境内，步行了三英里来到了亨讷普镇。那儿竖立着他们要占领的目标：一座横跨马斯河的铁路桥梁，这座铁路桥通往荷兰的西部。荷兰人预见到德国人可能会进行攻击，因而在桥身上装上了炸药，并有一个小分队守卫在桥边，只要一见到有德国的火车开来就引爆炸药。然而，他们见到沃尔瑟一小伙人并没有产生怀疑。三名身着军警制服的勃兰登堡队员径直走到了位于河东岸的警卫房，迅速地制服了哨兵。与此同时，他们的“俘虏”蜂拥冲上铁路桥，迅捷地切断引爆线。几分钟后，第一辆装甲列车隆隆地从桥上开过去，紧随而来的是运载步兵的货车，它们畅通无阻地开入荷兰，从而从北翼为德军长驱直入比利时和法国奠定了基础。

那天，同样的情景沿 200 英里长的前线到处可见。但是这帮德国谍报局的家伙也并非处处获胜。在马斯河沿岸的奈梅亨，特种任务第 100 步兵营被荷兰军队打败，遭受的损失惨重，荷兰兵随即又把两座重要的桥梁炸毁；对莱茵河阿纳姆段桥梁实施的进攻也以失败告终。但是从全局来看，一名德国谍报局官员写道："计划要夺取的 61 个目标，成功地获得了 42 个，并转交给紧接着来的部队。"而且这一次，对勃兰登堡队员做出的贡献不再是熟视无睹：参与战斗的 600 人中，有 3/4 的人获得了铁十字勋章。他们的最高统帅阿道夫 · 希特勒感到十分满意，他命令把特种任务训练与建设第 800 中队扩大到团的建制。

德国最高统帅部里有些人员仍然视卡纳里斯的部队为叛徒。但是许多军官亲眼看见特种部队在比利时和荷兰取得的辉煌胜利后，改变了原有的看法。因而对德国谍报局人员的需求剧增，他们在战争第一年中德国进行的一系列闪电式的进攻中起到了重大的作用。德国人每进行一场重大的进攻，德国谍报局的特种部队总是冲锋在前。例如，在 1941 年 4 月占领南斯拉夫的战役中，他们攻占多瑙河上的桥梁，接着同年 6 月，在古今战争史上规模最大的一次战役——巴巴罗萨作战行动——开始之前，他们又率先入侵苏联。

对苏联实施进攻的头几个月里，德军不断获得胜利，而勃兰登堡团始终战斗在最激烈的第一线。不到几天的时间，德国谍报局的小分队占领了古老的军事重镇普热梅希尔，这个城市是公路与铁路的重要枢纽，进而又占领了另一个重要的铁路枢纽利沃夫市。其他的小分队在北部攻占了德维纳河上的几座桥梁，挫败苏军的多次反攻，死守住这些桥梁。在南部，勃兰登堡的一个特种营和代号为夜莺的乌克兰民族主义分子一起渗透到节节败退的苏军的行列里，抓获苏联人民内务委员会保安警察，营救著名的乌克兰人士，这些人原本内定是要处决的，因为他们是德国人的潜在帮凶。勃兰登堡队员乘突击舟和滑翔机先行在爱沙尼亚沿海的两三个岛屿上登陆。在整条战线上，进行远距离侦察的勃兰登堡排，身着苏军的服装，带上所有必备的文件（甚至还有家中的来信），开着苏军的卡车，由能说一口流利的俄语的人带队，深入敌后几百英里的地方，开展活动。

威廉·卡纳里斯在柏林司令部里，以父亲般的骄傲关注着他手下战士的英勇事迹。他的年轻的勃兰登堡队员行进在凯歌进行曲中的德军的最前列，得到的奖章和官方的嘉奖比国防军任何一支别的部队都要多，对于这个事实，54 岁的卡纳里斯海军上将明显感到激动不已。尽管战争的进程从军事的观点来看是十分令人满意的，但却在感情上严重地折磨着他。

每一个德军的胜利都使卡纳里斯的心里充斥着矛盾，一方面因为他强烈的爱国主义和对下属的骄傲，他

1943 年春天，两名身着山顶作训服的突击队员以树木为掩护，与南斯拉夫游击队作战，当时德国人开始在巴尔干半岛用勃兰登堡特种部队打头阵。他们的灵活和迅猛在一段时间内使他们那些躲躲闪闪的敌人难以招架。

感到激动，另一方面他对希特勒及其随从者的罪恶越来越觉得恐惧。卡纳里斯海军上将是个对基督教的价值观有着根深蒂固信仰的人，征服波兰后德军所进行的破坏以及对平民百姓的杀戮使他强烈觉得自己和德意志民族有一种犯罪感。德军在苏联的所作所为使他的这种犯罪感更加加剧。纳粹在苏联实施的以暴行为主要特点的政策使卡纳里斯充满了恐惧和失望；他不能容忍党卫队冲锋队紧随在一线战斗部队的后面，有计划地捉拿并消灭犹太人、布尔什维克分子、知识分子、俄罗斯人、乌克兰人，以及在希特勒进行的种族和政治灭绝运动中要杀害的任何其他人。

至 1941 年中期，内心世界的激烈斗争明显地影响着德国谍报局的头目。“他给人的印象是憔悴、苍老、疲惫不堪，”那年8月第一次见到卡纳里斯的一位党卫队军官回忆道。海军上将身旁的工作人员目睹着他一会儿对一切都淡漠处之，一会儿又激动不已的神情，感到越来越忧心忡忡。他的下属犯一个微不足道的小错误也会激起他歇斯底里的反应。同样让人困惑的是他有时突发的幽默感；有一次，卡纳里斯乘敞篷的旅游车穿越西班牙境内时，突然在路旁发现一个牧羊人，他立刻要求把车停住，车停住后，他站立起来，给这位西班牙农民行了一个毕恭毕敬的军礼。他的一个摸不着头脑的陪同问：“是怎么回事，海军上将？”卡纳里斯神秘兮兮地回答说：“你很难说他实际上不是一名高级将领。”

就是海军上将一度整洁潇洒的外表也有了退化。他出现在办公室里时，经常制服的纽扣扣错了，衣服上留有食物的斑点。最使人惊愕的是，他超人的智力好似也在减退。一个曾是特别喜欢动脑子搞阴谋的人现在竟然连一个具体行动的细节都记忆不起来。

卡纳里斯身心疲惫这一现象没能逃脱他的头号竞争对手帝国中央安全办公室（RSHA）主任莱因哈德·海德里希的眼睛，RSHA是个综合性组织，包括党卫队行使的所有警察和搞情报的职能。海德里希视海军上将每况愈下的情况是个大好的机会，他可以利用来最终达到把德国谍报局置于自己控制之下的目的。1942年初，莱因哈德·海德里希与卡纳里斯会面，起草了一份建议书，根据这份建议书，谍报局的许多反情报的职能将由

1942年6月，在布拉格的党卫队士兵抬着花圈，参加纪念纳粹情报部门头目、波希米亚和摩拉维亚的帝国副执行官莱因哈德·海德里希的游行。为报复海德里希被刺杀，纳粹屠杀了1400名无辜的捷克居民。

RSHA 来承担。让卡纳里斯的助手们感到惊愕的是，他竟然忍气吞声地表示同意。只是在德国谍报局第三处（反间谍及反情报处）的处长弗朗兹－埃卡特·冯·

本蒂维尼上尉做了大量的工作后，才算暂时没有让海德里希的计划得逞。但是到了春天，德国谍报局的权威还是受到了实质性的削弱。卡纳里斯去了布拉格，在那儿海德里希新近被任命为波希米亚和摩拉维亚的帝国副执行官，并且成立了新的总部。5 月 17 日，两人签署了一份备忘录，承认 RSHA 有权开展一些国外的情报活动，而这些情报活动一度只有德国谍报局才有权搞。

几天后，海德里希的汽车遭到捷克的一个谋杀小组的伏击，这个小组是由英国人组建的。卡纳里斯立即回到了布拉格，但他再没有见到他的老竞争对手。海德里希由于伤势过重于 6 月 4 日死去。卡纳里斯在 RSHA 头领的葬礼上还流了眼泪，后来在给海德里希遗孀的信中宣称他失去了一位“真正的朋友。”看来，他对海德里希的死感到的悲哀是他真实感情的流露；从个人的交往来看，他和海德里希对音乐都有深厚的爱好，而且长期来一直结伴骑马。然而，海德里希死后，纳粹所采取的报复行动只能使卡纳里斯陷入更深的道德困境。整个利蒂斯镇被毁灭了，利蒂斯这个地名从官方的记录上给删除，理由是这个镇的居民藏匿了谋杀者，这真可谓是二战中最为臭名昭著的残暴行为。镇上 172 名男人和男孩被处决，而妇女与小孩被分散到各地的集中营去。为了进一步为死去的海德里希复仇，在布拉格和布尔诺两地，又有 1200 名居民遭杀害。卡纳里斯越来越被一个可怕的信念所困扰：“上帝会对我们做出裁决。”

在以后的几个月里，德军在战场上一系列的失败暴露了德国谍报局的情报采集机构存在着重大的缺陷，这就使卡纳里斯的地位受到进一步的削弱。1942 年 11 月，盟军在北非登陆，打了德军最高统帅部一个措手不及。“卡纳里斯，”作战部长阿尔弗雷德·约德尔气冲冲地说，“使我们陷入了困难的境地。”东线的指挥员对约德尔的尖刻批评有同感，在东线，形势正在向不利于入侵者的方向发展。战争的时间拖得越长，德军越是向苏联的腹地挺进，德国谍报局搞到的情报数量就越少，质量就越加不可靠。“我们从卡纳里斯那儿得到的东西全是垃圾。”外籍军东部司令部的一名人员说，最高统帅部的分析员也不断地贬低卡纳里斯的威望。要是这帮分析员得知德国谍报局那时在大不列颠的整个间谍网已被英国反间谍机关侦破并且被利用来对付德国人，柏林所得到的情报不过是英国人想让敌人所知道的这一事实时，那么他们一定会很感兴趣的。

卡纳里斯海军上将地位不断下降可以从勃兰登堡队员的命运上反映出来。先前只有卡纳里斯有权决定把哪一个勃兰登堡分队派往哪一个军去。但是至 1942 年秋天，德国谍报局的特种部队已扩大到师的建制，卡纳里斯对他们的事只能起到出谋划策的作用。1942 年至 1943 年的冬季，当德军在东线转入防御阶段，勃兰登堡小分队——装备的全是轻武器，根本不适合进行持久战争——给投入到残酷的战争中去时，卡纳里斯根本无力干预。结果这些受训来从事最为复杂的情报工作、而且是无法替代的人员被用作步兵的增援部队来填补空缺。

1943 年 4 月，由于 2 名德国谍报局的高级官员遭到逮捕，卡纳里斯原本就不稳的地位受到进一步的削弱；对他们捏造的罪名是进行外汇走私，真正的原因是盖世太保掌握了证据，这两名官员参与了企图推翻希特勒的军事政变。在继续进行的调查中，发现德国谍报局其他人员也有谋反的嫌疑。但这事本身不足以搞垮卡纳里斯。第三帝国的一个显著特点就是搞阴谋，纳粹统治阶层里差不多所有的人都与某种阴谋活动沾点边。但是当谋反的嫌疑与德国谍报局情报工作的失职联系在一起时，卡纳里斯的倒台看来是不可避免了。

对这件事心中最有数的莫过于瓦尔特·谢莱恩伯格，他是帝国中央安全办公室外国情报处(Amt VI)的处长，在海德里希的副手中，他最具有冲劲、最野心勃勃。说起谢莱恩伯格与卡纳里斯的私交，只可能比海德里希与卡纳里斯的更为亲密。年长的卡纳里斯欣赏谢莱恩伯格聪明、机智、充满想象力，而年轻的谢莱恩伯格经常表达对德国谍报局头目的崇敬心情。但是谢莱恩伯格的勃勃野心不允许有另一个情报机构与他自己的相匹敌。早在几年以前，他就起草了一份详细的计划，想通过把德国谍报局合并到他的外国情报处，成立一个统一的情报机构。海德里希去世后，他不断地说服帝国党卫队头子希姆莱把卡纳里斯清除出去，以顺利实施他的计划。

然而说来也怪，希姆莱就是迟迟不采取行动。希姆莱不像其他的将领，他们现在都公开蔑视卡纳里斯，他对德国谍报局的头目保持着一种小心翼翼、似乎迷信的尊重。他不愿意向希特勒提及卡纳里斯的事，这几乎发展到了病态的地步，因为希特勒长期以来很是器重这位海军上将。但凡谢莱恩伯格向他提供对卡纳里斯不利的情况，希姆莱总是神经质地用大拇指盖敲打牙齿，含含糊糊地答应等到时机成熟，会把这事报告给希特勒。谢莱恩伯格怀疑希姆莱害怕卡纳里斯自有难言之隐。“我可以肯定，卡纳里斯不定什么时候了解到对希姆莱不利的情况，”谢莱恩伯格后来写道，“不然的话就无法解释他对我递交给他的材料所做出的反应。”

1943 年 1 月，焦躁不安的谢莱恩伯格没想到会在被希姆莱选中来接替莱因哈德 · 海德里希当帝国中央安全办公室主任的人身上找到了支持。此人名叫厄恩斯特 · 卡顿布伦纳，党卫队驻维也纳的头领。他的任命大大出乎党卫队内部人士的意料。帝国中央安全办公室的新头目既不具备当警察的职业专长，个人也缺乏影响，因而无法解释他怎么能升到这么个高位。然而，希姆莱把嗜好权力的海德里希视作对自己领导地位的威胁，决心不再犯同样的错误；不讨人喜欢的卡顿布伦纳正合他的胃口。再说，卡顿布伦纳来自林茨，希特勒的故乡，对元首佩服得五体投地，这一点在纳粹的统治阶层中是

1943 年 1 月，厄恩斯特 · 卡顿布伦纳接替莱因哈德 · 海德里希当上了帝国中央安全办公室主任，开始致力于罢免卡纳里斯海军上将的职位，并把德国谍报局置于党卫队的控制之下。

越来越难能可贵了。希姆莱挑中了一个奥地利人当帝国中央安全办公室的主任，可谓是颇得希特勒的欢心，希特勒，正如谢莱恩伯格淡漠地所说的：“完全深信他的同胞具备做这个工作的所有必要条件。”

谢莱恩伯格一见卡顿布伦纳的面就产生了厌恶。“从一开始，他就让你感到恶心。”谢莱恩伯格后来写道，把他的新上司描绘成一个酒鬼、小丑，长着令人作呕的牙齿和被尼古丁熏黄了、活像是“老猩猩”的手。卡顿布伦纳对谢莱恩伯格可以说是以牙还牙，把他说成是个机会主义者，他唯一关心的是他的前程。

尽管他们互相仇视，他们却有着一个共同的、高于一切的目标：就是要在党卫队的领导下建立一个单一的秘密情报机构。事实上，希姆莱第一次找卡顿布伦纳谈到关于接替海德里希的工作时，后者就力争要建立一个统一的情报组织——而且当他一看到盖世太保建立起有关卡纳里斯的档案时，就径直去找希姆莱。至那时，有关海军上将的“国家机密级”的材料已经多达好几卷，都是有关德国谍报局腐化堕落、玩忽职守以及参与颠覆第三帝国谋反活动的真凭实据。就如谢莱恩伯格先前经历过的那样，当希姆莱平和地说对这些材料他十分清楚，但是他不采取行动自有他的理由时，卡顿布伦纳感到十分震惊。

不管这些理由是什么，帝国党卫队头领无法永远无视卡纳里斯的德国谍报局分崩离析这样一个显而易见的事实。1943 年 1 月 23 日，英国第八集团军占领了的黎波里，这是盟军取得的第一个胜利，紧接着又取得了一系列的胜利，而且以德军在非洲的所有部队的投降而告终。同年 2 月 2 日，红军重新夺回斯大林格勒。德国武装部队最高统帅部把这两次的惨败都归罪于情报工作的失误。

最终，狡猾的希姆莱设计了一个谢莱恩伯格称作是“滚雪球的战术”，达到在希特勒的心目中搞倒德国谍报局头领的目的。他自己从不在希特勒面前说起他对卡纳里斯的看法，而是不断鼓励海军上将的敌人在希特勒面前告发他，同时向他们灌输一些新的证据来充实他们的材料。

与此同时，谢莱恩伯格和卡顿布伦纳找到另一个方式来侵入德国谍报局的领域。他们培养自己的勃兰登堡式的队伍，隶属于谢莱恩伯格的外国情报处，并以党卫队在柏林以北 15 英里的奥拉宁堡营地命名为奥拉宁堡特种训练班。这支特种部队一开始时规模不大；但是至 1943 年 4 月，这支部队的开创人壮着胆子扩大了编制，卡顿布伦纳也找到了合适的人来领导这支部队。他就是奥托·斯科泽尼，也是奥地利人，而且还是卡顿布伦纳学生时代的老朋友。

斯科泽尼是维也纳人，属于中产阶级，他曾在维也纳技术学院就读，然后加入了他岳父的工程公司。二战爆发时，他参加了党卫队的机动部队，1941 年在俄国受了伤。他开始对担任党卫队的坦克教练感到厌烦，恰巧在这时，卡顿布伦纳向他提供了一个参加实战——也是获得荣誉 ——的机会。斯科泽尔把它视作“摆脱平凡的军人生活”的机会，而且正如他后来所描绘的那样，在接受这个支队的领导工作时，他记起了哲学家尼采的话：“过充满冒险的生活！”

斯科泽尼担任这个支队的领导时，奥拉宁堡支队的人员已经开始备战他们的第一个任务：通过煽动与苏联接壤的伊朗山区的部落起来造反，来切断盟国经伊朗通往苏联的运输线。一名德国军官已经与这些部落里的人接上了头，当地部落的人很是愿意伏击英美的运输队伍，只要他们能得到银子、古老的步枪、镶有贵重金属的剑作为报偿，他们视这些东西为地位的象征。斯科泽尼全身心地投入到对盟军的袭击行动中去，并派副官卡尔·拉德尔去柏林的古董店、枪支商店收集古老的鸟枪及嵌有贵重金属的老式步枪。然而，他遇上了政府机关之间的互相倾轧，这些倾轧使多少次德国的行动归于失败。先是德国空军不同意为他的跳伞员提供空中运输；

后来，因为这次行动牵涉到政治方面的考虑，斯科泽尼又被剥夺对伊朗境内人员的领导，而把领导权交给了另一个机构。无论如何，这次行动也没有达到什么目的，斯科泽尼转而去执行另一个任务，这个任务是希姆莱一个心爱的计划。

党卫队的头领想对苏联的一个工业城市马格尼托哥尔斯克实施突然袭击，这一城市位于乌拉尔的群山之中，袭击的目的是为了摧毁这个城市的炼钢炉，使之不能生产钢铁。斯科泽尼立即动手制订计划，结果却得出了这个任务无法实施的结论。他正在准备一份报告如实向希姆莱汇报时，谢莱恩伯格找到了他，讥诮地给他在纳粹玩弄政治把戏方面上了一课。“一个显赫的人物给你提出的点子越是荒唐，你越是应该表示由衷地欢迎。”外国情报处处长劝告他说。谢莱恩伯格接着又建议他做一系列的“轰轰烈烈的准备工作”，并说，“还必须不断地向上汇报：工作正在加速进行”。他向斯科泽尼保证说，到时希姆莱会失去热情，最终会把整件事忘个精光。

尽管这样做与他率直的禀性不相符合，斯科泽尼还是按照谢莱恩伯格的建议去做。长长几个月的时间，他一面训练士兵，一面等待着时机的再现。1943 年 7 月 23 日那天，他被传唤到希特勒在东普鲁士的司令部。正在物色一名英勇无畏的战士去带领一个营救小组，希姆莱提名斯科泽尼。正如帝国党卫队的头领所希望的那样，希特勒立即就喜欢上了这个强悍的奥地利人，并派

伯格说来，这不再是个重大损失。勃兰登堡这支部队已经在性质上起了重大变化。它的成员在俄国遭受了大量伤亡后，又招收了新的人员补充到了原来的建制，但它不再是支纯特种部队。这个性质上的改变在1944年得到了进一步的凸现，当时这支部队进行改组，勃兰登堡师被分成几个独立的战斗单位，所谓的“突击队”——这些突击队是受训来完成特殊任务的。斯科泽尼授权招收他所需要的任何人，最终得到了900名突击队员，把老勃兰登堡师的精锐分子都搞到了党卫队来。

可是，斯科泽尼的特种部队从没能达到先前勃兰登堡队员的全面战斗力。问题的部分原因是他们领导人的个性决定的。尽管他英勇无畏，富有冒险精神（也许正

战争后期德国的军事困境刺激着纳粹工程师的创造欲，他们艰难地做出了一些稀奇古怪的秘密武器。德国海军舰艇上的水兵正在把一艘名叫尼格的有人驾驶鱼雷艇放入水中（上）。尼格艇的驾驶员坐在经过改装的鱼雷舱里，借助眼前的垂直线瞄准之后，发射了挂在下端的一颗点燃的鱼雷。树脂玻璃舱可以令鱼雷艇和驾驶员免受波浪的冲击，但是尼格艇不能下潜。尽管拜伯小型潜艇（右）是按潜艇的

因为他的冒险精神），斯科泽尼不是一个成大器的领导人。他所感兴趣的是参与行动，而不是具体的组织工作，对他来说，把精力集中在搞一次激动人心的行动要比把精力放在制定特种部队的总体战略和行动规划容易得多。“领导一次袭击或是深入敌军内部，他是个理想人物，”党卫队的一名情报官员威廉·霍特尔说，“一个出色的单兵作战勇士和突击队员，但是不适合当师长。”

模式设计的，而且可以下潜90英尺，但它不能在水下潜行，必须浮到水面才能发射两颗鱼雷。这种一人驾驶的鱼雷艇主要用于沿荷兰海岸袭击盟军的航运活动。

另外，希特勒和希姆莱也使情况进一步恶化，他们把斯科泽尼看作是私人的、解决所有问题的秘密武器，总是派他去执行特殊任务，使他不能很好地履行师长的职责。他营救了墨索里尼后的第一个任务是绑架菲利普·贝当元帅，理由是维希法国的首脑正打算背弃德国投靠盟国。为了这次使命，斯科泽尼纠集了两个党卫队的步兵营、一部分警察和三个步兵连，接着在巴黎躲藏了多天，等候进攻的命令，最终却突然被召回德国去。第三帝国外交部及其安全和军事总部在这次行动是否可取这一问题上达不成一致的看法。

到了1944年的春天，斯科泽尼受命组织另一次绑架——这次是绑架南斯拉夫的游击队领导人乔赛普·布罗兹·铁托元帅。斯科泽尼只携带一支冲锋枪，率领两名中士就果敢地深入敌人的腹地进行侦察工作，而且一

1944 年 5 月，在波斯尼亚一个小镇附近的南斯拉夫共产主义抵抗运动领袖铁托元帅的司令部里，德国士兵绑架铁托未果，正在展示他的军装。铁托的游击队与乘滑翔机而来的德国空降部队激战之后，铁托逃往意大利。

切准备就绪，就只等一声令下——然而他得知陆军的 X 军已计划好了对铁托司令部进行一次大规模的空降袭击。斯科泽尼只得坐看着他们进行这次袭击，而这次袭击造成了德军的重大伤亡，得到的战利品仅是铁托的一套军服。

同年秋季，元首又有另一桩工作让他心爱的突击队员去做。9 月 10 日，斯科泽尼又一次被召到希特勒面前，后者痛苦地介绍了一下东线进一步恶化的战况。除了向西挺进的红军带来的威胁，元首还面临着他的盟国离他而去的局面。7 月份，罗马尼亚突然转变了态度，向德国宣战。现在看来匈牙利的摄政王尼古拉斯 · 冯 · 霍锡海军上将马上会仿效罗马尼亚，与盟国单独媾和。“所以你，斯科泽尼，”最高统帅说，一双燃烧的眼睛盯着少校，“必须做好准备，一旦霍锡叛离我们，你就要用武力占领布达佩斯这座城堡。”

几天后，斯科泽尼身着老百姓的衣服，手拿卷了角的旅游指南，出现在布达佩斯的街头。他装扮成科隆来的“沃尔夫医生”，在一家中等的旅店里居住了下来，开始充当起旅游者的角色。沃尔夫医生对布尔格堡显出少有的兴趣，这块重兵把守的高地是匈牙利政府的所在地，也是霍锡的住宅所在地。并且，斯科泽尼暗中与当地的盖世太保已取得了联系，得到了有关霍锡活动的最新消息。他很快便得知这位年迈的海军上将的儿子也取名尼古拉斯，但绰号为尼基，此人已经与南斯拉夫的游击队接上了头，让后者充当中间人，谈判匈牙利向俄国投降的事宜。

尼基·霍锡是个臭名昭著的花花公子，他父亲对他特别疼爱。斯科泽尼做出决定，逼霍锡海军上将就范的最简单方式便是扣押他的儿子。斯科泽尼的特种部队已经到达了匈牙利，就驻扎在布达佩斯的郊外。10 月 15 日是尼基约定与游击队接头人见面的日子，由斯科泽尼的参谋长率领的德国人已经进入到进行会面那座房子四周的街道里。那天的早晨天高气爽，阳光灿烂。房子外面的广场上显得空荡荡的，只停着一辆匈牙利的军用车和尼基的私车。

接着，沃尔夫医生的车开进了广场。他把车停在那

1944 年 10 月，在对布达佩斯的皇宫布尔格堡进行了闪电袭击、绑架了匈牙利摄政王的儿子尼基·霍锡之后，德国士兵踩着收缴的枪支四处搜索。护卫皇宫的匈牙利士兵惊慌失措，几乎未做任何抵抗。

两辆车的前面，从车中走出来，装着在修理引擎。不多一会儿，两名德国军事警察从他身旁过去，像是在进行例行的巡逻。突然这两名军事警察一改原来泰然的态度，向房子冲去。对方立即做出反应。在卡车里的匈牙利士兵开响了机关枪。一名德国人应声倒在了地上，斯科泽尼迅捷地冲上前，拽住衣领把他拖到了车后。当匈牙利士兵拥向广场时，另两名在附近闲逛的德国人开始反击。“至那时，我的车差不多成了个筛子，”斯科泽尼回忆说，“从墙上折回来的子弹从身旁飞过去，我们只好躲藏起来，时不时地探出头来瞄准敌人打上几枪。”

接着，斯科泽尼听到福克萨姆的人从街的另一头跑来。这个党卫队支队冲进广场，包围了匈牙利人。随即展开的战斗不到 5 分钟就结束了。斯科泽尼与他的人冲进房子，发现尼基·霍锡已经被那天早些时候藏在屋子的德国人所抓获。年轻的霍锡怒不可遏，大声辱骂抓获

1944 年 9 月，在得知匈牙利的摄政王尼古拉斯·冯·霍锡海军上将（右）正与轴心国的敌人单独媾和之后，阿道夫·希特勒命令奥托·斯科泽尼阻止投降条约的签订。“他与西方各国和苏联同时接触，”元首暴跳如雷地说，“他甚至准备接受克里姆林宫的摆布。”

他的人，德国人最后只得用一块地毯把他卷起来，并用一根拉窗帘的绳子把他捆个结实，才使他出不了声。摄政王的儿子就这样给包裹起来，拉到外面，掷到了等候的卡车上，车立即启动把他运到开往维也纳的飞机上。

斯科泽尼不用等很长的时间，海军上将霍锡就做出了反应。同天下午，布达佩斯打断了正常的节目安排，广播了国家元首的一个讲话。霍锡不但没有屈服，反而愤怒地谴责德国人，谴责完后，宣布他已经起草了一个临时停战协定，与苏联的敌对行动将立即终止。

斯科泽尼的最后一招是直接对布尔格堡实施攻击。

他迅速地行动起来，认定刚才几个小时的事件已引起足够的混乱，因此他不需要进行大规模的战斗就能达到目的。第二天清晨3时，他向位于布尔格堡脚下的指挥所走去。大口喝完一杯咖啡后，他向福克萨姆及其他军官大致说了一下他的计划，至早晨6时，一队党卫队，由两辆坦克护送着，向山上挺进。

斯科泽尼乘坐着吉普在前面带路，一路上经过了匈牙利的哨兵，这些哨兵像他所希望的那样，站在一边，没有进行抵抗。当这队党卫队接近重兵把守的霍锡住宅时，三辆匈牙利的坦克做出了相似的反应，他们抬高炮口，表示不打算开火。猛地斯科泽尼站起身来，向他的一辆坦克挥动手臂。那辆坦克向前直冲，冲破了住宅四周的路障。斯科泽尼手下的战士冲过缺口，拥进了住宅。接下来的激战只持续了几分钟。斯科泽尼的人令人满意地重演了营救墨索里尼的一幕，很快地征服了霍锡的卫队，活捉了海军上将。

海军上将霍锡由警卫押送着去了德国，在那儿他作为元首的“客人”度过了战争剩下的日子。希特勒物色了一名亲德国的傀儡来取代霍锡，因而匈牙利可以继续和苏联作战。

10月21日，斯科泽尼回到了希特勒的司令部，又一次享受了元首对他的感激之情。希特勒提升他为中校，又一次给他立功受奖——这一次奖给他的德国十字勋章是用金子做的——然后拉着斯科泽尼的手来到了一个隐蔽的角落，让他详详细细地叙述这次行动的经过。

当斯科泽尼满足了他唯一听众的强烈好奇心后，站起身来准备告辞。不料希特勒拉着他又坐下来。“不要走，斯科泽尼，”希特勒说，“我现在要你去干一件你一生中最为重要的工作。”他停顿了一下，接着又快速地说下去，他的嗓门越来越高。“12 月份，德国将发动一次重大的进攻，它将决定德国的命运。”在接下来的几小时里，希特勒描绘了一下即将在西线展开反攻的细节，这次大规模的进攻将投入三个德国军，目标是美英兵力的集结处。斯科泽尼将带领一个旅，他们身穿的是缴获来的美军服装，开的是缴获来的美军车辆。斯科泽尼的人将直接切入盟军的战线，在他们所到之处要造成恐怖与混乱。“全世界都认为德国已经完蛋，它的葬礼已经是指日可待了，”希特勒怒冲冲地说，“我要向他们表明他们的看法有多么错误。僵尸会重新站起来，会愤怒地向西方发起攻击。我们等着瞧吧。”

尽管希特勒于 1944 年秋天做了这番慷慨的陈词，可是大多数德军将领——以及较为现实些的纳粹分子——都清楚他们已经输掉了战争。6 月 6 日盟军攻击部队在诺曼底登陆时，无论是在西线还是在东线，战争的主动权已经不可逆转地掌握在敌人的手中；在西线发动反攻只可能延长痛苦的时间。为了不让德国被四面围拢来的军队所毁灭，围绕着希特勒产生的各色各样的阴谋又得到了新的动力。前一年中，这位独裁者至少逃过了三次谋杀阴谋。7 月 20 日，他在狼穴司令部又逃脱了一次炸弹爆炸，这次谋杀事件是得到军方支持的。

这次得到军方支持的谋杀差一点就成功了，在接踵而来的疯狂逮捕和审讯中，揭发出来牵连到这次阴谋活动的人中，威廉·卡纳里斯显得有重大的嫌疑。因而 7 月 23 日下午，这天是个风和日丽的星期日，瓦尔特·谢莱恩伯格驾车去了卡纳里斯位于柏林郊外的住处。前德国谍报局头目立即猜到了一度曾是他的同仁为什么会光临。“不知怎的，”他平静地说，“我觉得会是你来。”

卡纳里斯上了楼，换了衣服，又打好了一个小的行李箱。当他准备离去时，他慢慢地、精神沮丧地环顾了一下屋子，然后伸出手臂搂住年轻人的肩膀，一起向车走去。

他们行驶了 50 英里，来到了安全警察学院，这所学院位于哈弗尔河沿岸的菲尔斯滕贝格。在那儿，大约有 20 名与这次阴谋有牵连的高级军官被关押着，他们将被送往柏林艾尔布莱特王子街盖世太保的地下牢狱去。卡纳里斯要求谢莱恩伯格稍待一会儿，两人共进晚餐，共享了一瓶红酒，还谈论起了往事。卡纳里斯要求谢莱恩伯格能安排一次他与党卫队头领的会晤，很显然他希望希姆莱能进行干预，最后救他一命。谢莱恩伯格最终离去时约晚上 11 时，卡纳里斯警告他千万不要卷进他现在陷入的这种麻烦里，然后最后一次拥抱了年轻人。“再见，年轻的朋友。”这是他俩最后一次见面。

1945 年 2 月，奥托·斯科泽尼上校在东部前线与手下交谈。他的部队在与苏联的最后几场交战中表现出了英勇无畏的精神，使得英国电台——BBC——错误地报道说，斯科泽尼已被提升为少将，受希特勒委托保卫柏林的安全。

谢莱恩伯格后来声称，他的确亲自找希姆莱说了，而且党卫队的头领也去看望了卡纳里斯。但是，即便希姆莱想那么做，现在也为时太晚了，救不了这个海军上将的命。尽管盖世太保的侦探和审讯者没有找到直接的证据，可以证明卡纳里斯与 7 月 20 日谋杀希特勒的阴谋有牵连，但他长期以来与阴谋者的关系也足够定他死罪。

1945 年 2 月 7 日，卡纳里斯被押往离捷克边境不远的弗洛森比格集中营。在那儿，海军上将成了代号为恺撒的囚犯，他戴上了手铐，脚脖子上被上了脚镣并锁到了 22 号囚室的墙上。只有当他在监狱的院子进行短时间散步，或者接受进一步的审讯，才能去除刑具。4月8日晚约10时左右，关在21号隔壁囚室里的囚犯听见卡纳里斯又一次地从审讯者那儿被押送回来。不久，21号囚室里的犯人听到敲打墙壁的声音，卡纳里斯是在用囚犯发明的类似莫尔斯电码方式来传递消息。“上一次审讯时我被打破了鼻子，”隔壁囚室的人记得卡纳里斯发出这样的信息。“我的死期已到。我不是叛徒。行使着作为一个德国人的职责。如果你活着出去，向我的夫人转达我的问候。”

第二天是4月9日，黎明后不久，卡纳里斯全身赤裸，光着脚，被带到一个制作粗糙的绞首架前。他走上了一个小的梯子。套索架到了他的脖子上，接着梯子被踢走。

“这个海军上将用了很长的时间才断气，”一个目睹过许多这样事件的人说，“他被拉上拉下一两次。”一位党卫队医生的良知总算还没有泯灭，他说：“卡纳里斯海军上将死得勇敢，死得有气概。”

幽灵前线的秘密使命

1944年7月下旬，正当盟军部队从诺曼底海滩向东挺进的时候，阿道夫·希特勒策划了一个大胆的计划，作为德国军队的最后一次大反击，争取扭转德国在西部前线的命运。这个代号为“关注莱茵河”的计划要求德军在比利时和卢森堡的阿登丘陵地带——美国军队把这个安静的地带称为幽灵前线——发动一场大规模的闪电战，并最终导致了突出地带战役。

到了12月16日发动进攻的日子，30万名德国士兵已经集结在丝毫没有察觉的美军阵地对面。大多数被指派参加这次战役的部队都是精锐装甲师，它们的装甲车纵队将穿越敌方前线，渡过马斯河，占领盟军阵地后方100英里处的比利时港口城市安特卫普。

除了常规部队，阿登地区的先头部队还包括一支新组建的2500人的队伍——装甲150旅——由第三帝国最有作为的突击队长官、党

卫队上校奥托·斯科泽尼率领，执行绝密的“格里芬行动”。装甲150旅的三个作战团——军装和装甲车全部是从美军那里缴获来的——先是尾随德军大部队的进攻，然后抄边路给盟军制造混乱，最后攻占马斯河上具有战略意义的桥梁。

“格里芬行动”最大胆、最危险的工作落到了160位精通英语的志愿者身上。他们三四个人一组，穿着美国大兵的军装，开着美军吉普车，将赶在德国装甲师之前潜入盟军阵地。在巴伐利亚格拉芬沃尔镇附近斯科泽尼的训练营里，这些“格里芬突击队员们”参加了秘密行动的速成培训，并被要求以美国大兵的方式思考、说话和做事。

初始阶段的“格里芬行动”很成功——除了运气好之外，突击队员的勇敢和技能也起了同样重要的作用。尽管最初的成功预示着不错的结局，这个计划最终仍以失败告终。

斯科泽尼手下的一个班穿着缴获的美军军装，为参加“格里芬行动”进行训练。一个突击队员说这种训练“比以前我们参加的任何训练强度更大，更集中”。

把德国人变成美国大兵

在格拉芬沃尔训练营里，装甲150旅会说英语的突击小分队既不能与其他分队的同志在一起，又不能给家里人写信，他们的训练十分严格，包括健体强身、徒手格斗、射击练习和学习如何使用美国武器和塑料炸药。

好莱坞的影片，尤其是战争影片，被用来帮助德国士兵掌握美国俚语和身体语言。硬邦的传统德国军装被搁到一边，斯科泽尼鼓励手下嚼口香糖，懒懒散散地把手插在裤兜里，很随意地给长官敬礼。一些突击队员到战俘营里看望美军战俘，完善装扮美国大兵的技巧。当他们被认为准备就绪时，每个志愿者就会领到一身美军军服、虚假的身份证件和几叠伪造的美元。

格里芬突击队员们对自己的危险使命有非常严峻、非常清醒的认识。身着敌人的军装执行秘密使命是破坏国际战争法的，实际上可以判处死刑。德国高层指挥部不指望有几个突击队员会活着回来，所以每个人的装备里面都有一片用于自杀的药片。

一群身着美军军服的德国突击队员在紧张的训练中小憩一会。“看到这群熟悉的士兵变成了美国大兵，感觉真奇妙，”一位志愿者回忆道，“如此离奇又不可思议。”

斯科泽尼的部队只有两辆缴获的美军坦克，不得不用画上美军标志的德军“黑豹”坦克充数。斯科泽尼说：“它们只能欺骗年纪非常小的美国兵，而且必须是在晚上，距离很远！”

装甲 150 旅的士兵们正在一辆美军的载人半履带车上训练（右下）。借给“格里芬行动”的这种战利品约有 24 辆。

乔装改扮在敌后

对阿登的进攻于1944年12月16日凌晨5:15正式开始。“地狱般的场面出现在眼前，”一个格里芬突击队员回忆说，“上百束刺眼的探照灯光把美军阵地照得如白昼一般，而背后放置大炮和火箭的地方却像在放焰火，我们从来没有看过这样的景致。”斯科泽尼的突击队员匆忙脱掉罩在美军军装上的伞兵服，启动美军吉普车，尾随装甲纵队向前突进。

尽管盟军防御部队在突袭面前败退，斯科泽尼的计划却出现了问题，因为装甲150旅被坦克和装甲车辆的庞大车队堵在了途中。当盟军开始拼命抵抗时，斯科泽尼的装甲旅夹在中间两面受敌。在无法执行使命的情况下，这位突击队长官于发动进攻的第二天决定取消“格里芬行动”，把他的三个作战团整编成一个步兵师。但是那时却有七辆运载格里芬突击队员的吉普车已经突破了美军防线，向目的地——马斯河上的大桥驶去。

阿登战役开始不久，由中校乔基姆·佩珀率领的党卫队装甲团路过被战火蹂躏的杭斯费尔德村庄，旁边停着一辆被击毁的美军军车。

斯科泽尼的突击队员驾驶着美军卡车进入冰雪覆盖的布莱肯海默森林，12 月 16 日的进攻就在这里发动。

在比利时的勒内，一辆印有美军标志的德军半履带车被美军炮火击中后起火燃烧。

一个美军士兵查看一辆被击坏的谢尔曼坦克，它是装甲 150 旅在阿登战役中遗弃的。

英勇的乔装行动破产

斯科泽尼的格里芬行动计划周详，但是只有不到30个突击队员设法潜入了美军防线。他们刚开始非常担心被认出来，不过很快就发现盟军的后方阵地一片混乱，对他们非常有利。“我们意识到自己的乔装改扮无懈可击，心里越来越得意，”一个突击队员回忆说，“所以也觉得越来越安全。”

美军检查站拦下他们的吉普车时，突击队中英语说得最流利的队员便会代大家解释，说他们与后撤的大部队被德国人的进攻冲散了，现在正要赶回去。他们在前往马斯河的途中，尽可能地破坏沿途的设施：剪断电话线，拔掉路牌，伏击与大部队失去联系的盟军通信兵。

但是这些假冒的美国大兵很快就发现他们犯了几个致命的错误。他们4人一组坐一辆吉普车，一到晚上便把前灯罩起来以免招人注意——与美国士兵的习惯形成鲜明的对比。由于紧张不安的盟军士兵保持着高度警惕，这些失误使至少2组突击队员被俘。其他的突击队员没有一组到达了马斯河。

美国大兵警惕地盯着一个被俘的格里芬突击队员脱掉罩在德军军装上的美军军装。

一个穿着一件美军军装的德国士兵死在一辆满是弹孔的美军吉普车旁。身着美军军装的德国士兵常常当场被紧张不安的美国士兵枪杀。

12月17日，阿瓦伊检查站的美国宪兵俘虏了三个秘密潜入、却说不出正确口令的德国士兵。在一周内，格里芬突击队员冈特·比林、曼弗雷德·珀纳斯和威廉·施密特经过审讯，以间谍罪被判处死刑——之所以这样判决，部分是因为施密特说他们的使命之一便是刺杀艾森豪威尔将军。12月23日清晨，他们在比利时亨利－夏佩尔的一个军营被处决。这三个德国士兵被绑在柱子上，蒙上了眼睛，胸前挂上了圆盘当作靶子（上）。就在执刑小分队扣动扳机之前，比林大喊："我们的元首希特勒万岁！"至少还有三个突击队员死于格里芬行动——被俘后当场被枪杀。

图书在版编目 (CIP) 数据

隐蔽战 / 美国时代生活编辑部编 ; 石平萍等译 . --
修订本 . -- 海口 : 海南出版社 , 2015.1

(第三帝国)

书名原文 : The third reich:The shadow war

ISBN 978-7-5443-5810-1

Ⅰ . ①隐… Ⅱ . ①美… ②石… Ⅲ . ①德意志第三帝
国 – 间谍 – 情报活动 – 史料 Ⅳ . ① D751.636 ② K516.44

中国版本图书馆 CIP 数据核字 (2014) 第 271622 号

第三帝国：隐蔽战（修订本）

作　　者：(美国) 时代生活编辑部 (Time Life Books)
译　　者：石平萍 等
选题策划：李继勇
责任编辑：孙　芳
装帧设计：黎花莉
责任印制：杨　程
印刷装订：三河市祥达印刷包装有限公司
读者服务：蔡爱霞
海南出版社　出版发行
地址：海口市金盘开发区建设三横路 2 号
邮编：570216
电话：0898-66830929
E-mail：hnbook@263.net
经销：全国新华书店经销
出版日期：2015 年 1 月第 1 版　2015 年 1 月第 1 次印刷
开　　本：787mm × 1092mm　1/16
印　　张：15.5
字　　数：180 千
书　　号：ISBN 978-7-5443-5810-1
定　　价：38.00 元